S A N K T   P E T E R S B U R G

»Petersburg ist ein kecker Bursche, der nie zu Hause sitzt,
immer adrett gekleidet, tut schön vor Europa,
macht seine Verbeugung vor den Leuten jenseits des Meeres.«

(Nikolaj Gogol in der Zeitschrift »Der Zeitgenosse«)

Bilder von Max Galli
Texte von
Ernst-Otto Luthardt

SANKT PETERSBURG

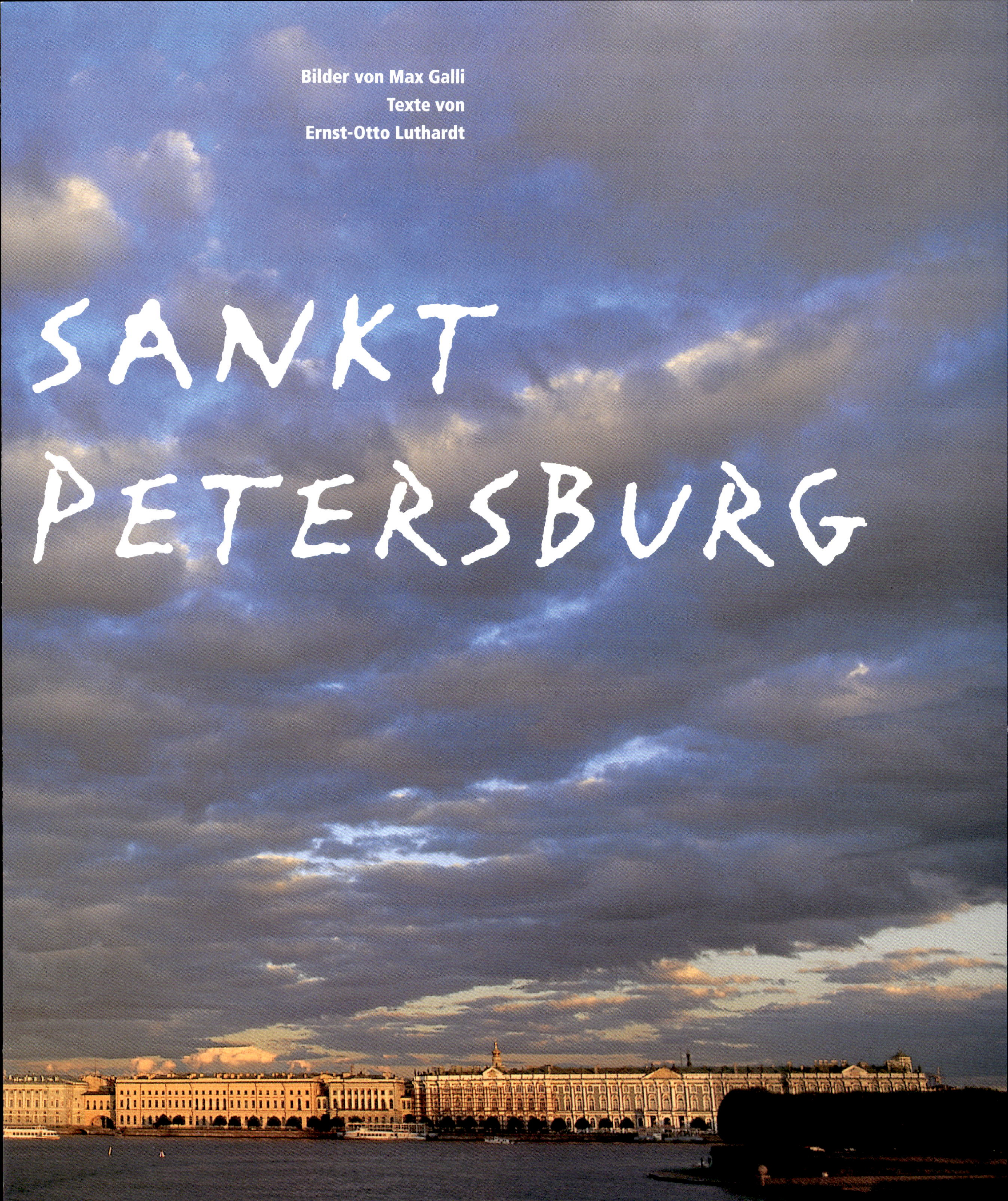

INHALT

Titelseite:
Die Isaaks-Kathedrale hat einen der weltweit größten Kirchenräume.

Rücktitel:
Die Eremitage im Winterpalais - ein Museum der Superlative.

Seite 1:
Dosen und Schatullen mit den berühmten Lackmalereien sind ein begehrtes Mitbringsel.

Seite 2/3:
Die Newa ist mehr als nur ein Fluß. Sie war Wiege St. Petersburgs und ist dessen Begleiter durch die Zeiten.

Die Große Kaskade in Peterhof - mit 225 vergoldeten Bleifiguren geschmückt - gilt als die größte (und schönste) Brunnenanlage der Welt.

Matrosen auf dem Schloßplatz, den die knapp 50 Meter hohe Aleksandr-Säule überragt.

Barocke Atlanten tragen die Dreiviertelsäulen der Fassade des Belosselskij-Beloserskij-Palais.

Obwohl die St. Petersburger - wie alle Russen - Kinder mögen, kommen seit dem Umbruch immer weniger auf die Welt.

ST. PETERSBURG – ERTRÄUMT UND ERBAUT VON ZAR PETER I.

Sankt Petersburg, die prächtige Stadt unter dem Licht des Nordens, steht zweiundvierzigfüßig im Wasser. Die vielen Inseln und Inselchen werden von der Newa, die Ladogasee und Finnischen Meerbusen miteinander verbindet, umspült. Dieser Fluß ist mehr als ein 70 Kilometer langer Wasserlauf. Er ist Wiege und Schicksal St. Petersburgs. Die wilden, uferlosen Zeiten sind längst vorbei. Im granitgefaßten Bett gibt sich die Newa majestätisch gelassen. Wird nicht mehr verflucht und gehaßt wie zu Zeiten der Stadtgründung, wo sie regelmäßig Fluten und Fieber brachte. Man hat sie herausgeputzt. Geschmiedete Gitter in den verschiedensten Farben und Formen säumen die Wasser dieser Stadt. Kokettieren in ihrem Ornament mit den benachbarten Palästen und Häusern. Rastern das Licht, den Himmel, die Menschen und Fahrzeuge an den Uferstraßen. Deren schönste, die Uniwersitetskaja Nabereshnaja auf der Wassilij-Insel, findet ihren Höhepunkt im Sphingen Pier, dessen Benennung auf die beiden monumentalen Fabelwesen zurückgeht, die Zar Nikolaj I. einst aus dem ägyptischen Theben, aus der Wüste, in den Norden verpflanzen ließ, wo sie seither Teil jenes Geheimnisses geworden sind, mit dem diese amphibische Stadt ihre Gäste umfängt und nicht mehr losläßt.

St. Petersburg ist ein lebendiges Museum des Barock und des Klassizismus. Die Zeit scheint hier auf geheimnisvolle Weise gestaut zu werden.

Das Licht des Nordens ist von besonderer Faszination: Sonnenaufgang an der Newa.

Den vielen, die es nach St. Petersburg zieht, das nun nach fast dreihundertjähriger Geschichte (über Petrograd und Leningrad) auch seinen alten Namen wiedergefunden hat, entdecken ein grandioses Ensemble aus barocker Pracht und klassizistischer Schönheit. Erträumt und begonnen von Peter I., einem ungewöhnlichen Monarchen, der sein Land zu Beginn des 18. Jahrhunderts Europa und der modernen Zeitrechnung angenähert hat; fortgeführt vor allem von Katharina II., die sich als dessen legitime Nachfolgerin verstand. Hundert Jahre Architektur, trotz Zerstörungen wie zuletzt in Folge des

Seite 6/7: Die Große Kaskade in Peterhof - mit 225 vergoldeten Bleifiguren geschmückt - gilt als die größte (und schönste) Brunnenanlage der Welt.

Gleich dem Auto ist ein Motorboot, so alt es auch sein mag, erst recht ein unerfüllbarer Traum für die meisten St. Petersburger.

Blockaderinges, den die deutsche Wehrmacht von 1941 bis 1943 um die Stadt geschlossen hatte, stehen heute wieder nahezu unversehrt zur Besichtigung.

Nirgends sonst sind die Gesichter und Geschichten dieses 18. Jahrhunderts so unmittelbar zu erleben wie hier in St. Petersburg. Und scheinbar so jung, als wären sie eben erst geboren und würden nie altern, geschweige sterben. So, wie die Tage während der Sommersonnenwende, wenn das Licht und die unwirkliche Atmosphäre der Weißen Nächte die Illusion nähren, daß die Zeit angehalten ist.

Aus Sümpfen geboren

Ein altes russisches Sprichwort besagt: Je schwerer die Geburt, desto glücklicher und länger das Leben. In der Tat war es wohl nur ihr Begründer und Namensgeber Peter I., der auf die Zukunft der von ihm im Newadelta befohlenen Stadt mehr als ein paar armselige Rubel gewettet hätte. Die Einöde aus Wasser, felsigen Inseln und Sumpf galt als gottverlassen; hie und da ein paar armselige Fischerhütten, und im Winter erst recht ein Ort zum Fürchten.

Peter I. zwang die Handwerker, das bequemere Moskau zu verlassen und in den Newa-Sümpfen an seiner neuen Stadt zu arbeiten.

Mit dem Besitz plagten sich die Schweden. Frei nach dem Motto: Hauptsache unser und nicht den Russen! Hätten sie mit dem Land etwas anzufangen gewußt, wäre ihre Festung Nöteburg am Unterlauf der Newa nicht so bescheiden ausgefallen. Doch Peter I. wollte das lange Kapitel von Eroberungen und Rückeroberungen zwischen Schweden und Rußland (früher Nowgorod) nicht nur um einen neuerlichen blutigen Part bereichern, als er 1700 dem alten Rivalen um die Vorherrschaft im Ostseeraum den Krieg erklärte, den man später den ›Großen Nordischen‹ nannte, sondern eine Vision verwirklichen: Er sah aus dem Wasser eine Stadt auftauchen, hell und groß, mit strahlenden

Obwohl die Angler große und kleine Fische an ihrer Leine haben, gilt die Newa als stark verschmutzt. Und für neue Kläranlagen fehlt das Geld.

Palästen und reichen Häusern, mit modernen Manufakturen und den besten Handwerkern und Künstlern aus ganz Europa, er sah seine Stadt.

Doch vor deren Beginn stand noch ein Rückschlag: Bei Narwa unterlagen die russischen Truppen denen des Schwedenkönigs Karl XII. Mitten im Krieg und auf einem Terrain, das de facto noch dem Gegner gehörte, ließ Peter I. 1703 die Haseninsel befestigen. Ein Jahr später entstand jenseits des Flusses eine riesige Werft. Beide Bauten bildeten den Rahmen des vielzitierten ›Fensters zum Westen‹, als das der Zar seine künftige Stadt verstand. Dabei war deren Schicksal genauso unsicher wie der Ausgang des Krieges. Peter kämpfte gleichzeitig gegen die Schweden wie gegen die Nachgiebigkeit des Baugrundes, der eigentlich gar keiner war, und wozu erst Tausende und aber Tausende von Pfählen in den Boden gerammt werden mußten. Daß so etwas möglich war, bewies das Beispiel Amsterdams.

Peter war dort gewesen, heimlich: 1697/1698. Er nannte sich Pjotr Michaelow. Der angebliche Unteroffizier verzichtete auf seiner Reise durch Preußen, Holland, England, Österreich und Sachsen zwar auf den Zarentitel, nicht aber auf seine Gefolgschaft. Es waren mehr als 200, die ihn begleiteten und die fortgeschrittensten Methoden des Schiffbaues studierten.

Ein russischer Zar als Zimmermann-

die Sensation hätte größer nicht sein können. Literaten, Komponisten stürzten sich auf den ungewöhnlichen Lebensstoff. Albert Lortzing läßt in seiner heiteren Oper ›Zar und Zimmermann‹ den Monarchen singen: »Sonst spielt' ich mit Zepter, mit Krone und Stern.« So geschehen im 3., im letzten Akt.

Das große Schlagwort der damaligen Zeit hieß ›Ausbau einer schlagkräftigen Flotte‹, die Schiffsbauer waren hoch angesehen, und die von Wasser umspülte neue Metropole war in gewisser Weise selber ein Schiff ...

Für den Zaren selbst war dies erst der Anfang. In seinem Herzen die Vision von der Großmacht Rußland, in seinem Kopf das Wissen und die Ideen zu deren Verwirklichung, kehrte er in sein riesiges Reich zurück. Ließ - im symbolischen wie auch im wirklichen Sinne - alte Bärte stutzen, organisierte

Dieser romantische Winkel findet sich in Neu-Holland, einer winzigen Insel, die vom blauen Band der Mojka umrahmt wird.

eine schlagkräftige Armee und Flotte, schaffte neue Strukturen in der Staatsverwaltung, beschnitt die Macht der orthodoxen Kirchenleitung, gründete Schulen und Zeitungen, ein Theater und eine Akademie der Wissenschaften. Setzte ein deutliches Zeichen, indem er die alte Hauptstadt Moskau aufgab. Dies geschah formell 1712, in Wirklichkeit aber schon viel früher. Spätestens seit seinem Sieg über die Schweden 1709 bei Poltawa wußte die Aristokratie, wußten die Handwerker und Kaufleute, daß sie ihrem Zaren in die neue Stadt zu folgen hatten.

Der Monarch war nicht zimperlich und, wenn es die Verwirklichung seiner Pläne betraf, zu allen Opfern bereit. Für die Stadt, die langsam aus der Festung und der Werft hervorging und von den holländischen und deutschen Handwerkern St. Petersburg genannt wurde (der Zar selbst verfügte, daß die Aussprache

Die ersten Häuser St. Petersburgs waren aus Holz und gingen in den alljährlichen Fluten unter. Der Zar zog Konsequenzen und ließ Trezzini die ersten steinernen Gebäude errichten.

Der Maler D. Maclise (1806-1870) hat das historische Ereignis auf Leinwand gebannt: Peter der Große besichtigt 1698 auf seiner Reise durch Westeuropa das Deptford Dock in England.

›Pitersburch‹ zu lauten hatte!), gingen Tausende von Arbeitern zugrunde. Für sie kamen, zwangsweise, neue. Auch Menschenleiber machten den Sumpf fest.

Wenn nicht gerade im Krieg, hauste der Initiator dieses gigantischen Werkes in einem kleinen Holzhaus nahe der Peter-und-Paul-

Festung, um deren Bau persönlich zu überwachen. Dieses älteste erhaltene Bauwerk der Stadt birgt heute ein kleines Memorialmuseum. Nicht dort, sondern in der Eremitage wird des Zaren Zimmermannswerkzeug gezeigt, dazu Bücher und ein Sack, in dem all die Zähne bewahrt werden, die er im Laufe seines Lebens den Leuten seiner Umgebung entfernt hat. In der Tat gehörte Zähneziehen zu seinen Lieblingsbeschäftigungen. Es wird erzählt, daß keiner seiner Hofleute es mehr wagte, in seiner Nähe über Zahnschmerzen zu klagen.

Die Vollenderin: Katharina II.

Aus dieser Gründerzeit St. Petersburgs stammen die ersten großen Steinbauten der Stadt: die Peter-und-Paul-Festung mit der gleichnamigen Kathedrale, die sogenannten Zwölf Kollegien (Ministerien), der Sommerpalast des Zaren. Sie alle sind ein Werk des genialen Schweizer Architekten Domenico Trezzini. Doch zumindest bei der Festung und seiner Sommerresidenz Peterhof hat der Zar persönlich seine Hände im Spiel gehabt. Hat Skizzen und Ideen vorgegeben, nach denen sich die Baumeister zu richten hatten.

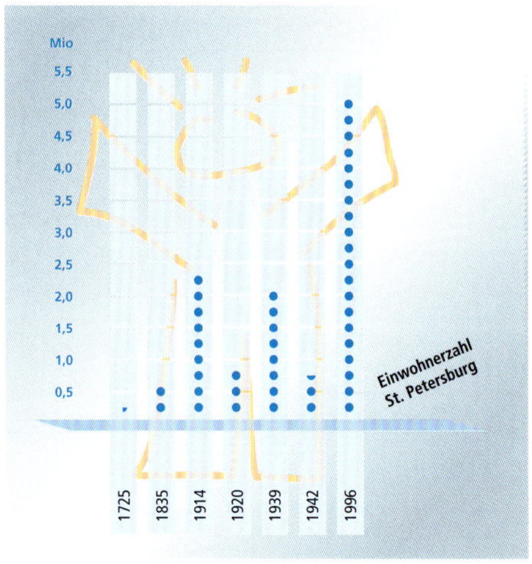

Der große Brand von St. Petersburg im Jahre 1737 störte die Zarin Anna Iwanowna wenig; sie residierte lieber in Moskau.

Da Peters unmittelbare Nachfolger Katharina I., Peter II., Anna I. und Iwan VI. das Engagement vermissen ließen, welches nötig gewesen wäre, die regelmäßig von Feuersbrünsten und Überschwemmungen heimgesuchte Stadt weiterzubauen, schien die alte Hauptstadt Moskau wieder zu triumphieren und St. Petersburg im wahrsten Sinne des Wortes im Newasumpf unterzugehen. Die weißen Segel der holländischen Windmühlen, die Peter I. errichtet hatte, um die Pumpen und Sägen zu betreiben, standen still, und diese Situation schien auch bezeichnend für den Zustand des russischen Imperiums. 1741 erst, mit dem Machtantritt Elisabeths I., wurde St. Petersburgs Berufung unumstößlich. Die Tochter Peters I. setzte mit aller Kraft und Umsicht das Werk ihres Vaters fort. Ihr Architekt hieß nicht Trezzini, sondern Bartolomeo Francesco Rastrelli. Der Florentiner brachte den südlichen Barock an die Newa und verband ihn mit traditionellen einheimischen Stilelementen. So entstand das ›Russische Rokoko‹: mit der Smolnyj-Kathedrale, der Vergrößerung

Architektur der Superlative eng beieinander: Das Winterpalais, die Isaaks-Kathedrale, die Admiralität. Und die Newa liefert den Rahmen …

Das Winterpalais übertraf alle anderen weltlichen Gebäude der Stadt nicht nur an Größe, sondern auch an Prunk.

Katharina II. war nicht nur eine große Bauherrin, sondern sie verstand es auch, ihre vielen Liebhaber für ihre hochgestellten politischen Ziele zu nutzen.

von Peterhof, dem Weiterbau von Zarskoje Selo, dem Winterpalais. Den Schlußpunkt setzte dann Katharina II. - gleich Peter I. eine schillernde Persönlichkeit von weit- und folgenreicher Wirkung. 1778 hat sie sich selbst in einer scherzhaften Grabinschrift porträtiert: »Katharina die Zweite, geboren am 21. April 1729 in Stettin. Sie kam 1744 nach Rußland, um Peter III. zu heiraten. Mit vierzehn Jahren faßte sie den dreifachen Vorsatz, ihrem Gatten, Elisabeth (dessen Mutter) und dem russischen Volk zu gefallen. Sie hat nichts unterlassen, um dies zu erreichen ...«

Ihr Mann besaß, als Zar, nur sechs Monate Zeit, um sich an ihr zu erfreuen. Hatte doch Katharina inzwischen einen vierten Vorsatz gefaßt, nämlich schnell Witwe und damit selbst Zarin zu werden. Wie allen ›aufgeklärten‹ Monarchen waren ihr die Schriften und der Rat der großen Franzosen Rousseau, Voltaire, Diderot oder Helvetius insofern wichtig und teuer, solange sie ihre eigene Herrschaft nicht gefährdeten. So bedeute das, was die Zarin an Lektüre regelrecht verschlang, für deren Untertanen Gefängnis. Das beneidete Paris vor Augen und Peters I. Schriften und Pläne immer bei sich (ihr Bekenntnis, daß diese ihr gleich wichtig seien wie die Bibel, spricht Bände...), beauftragte sie die berühmtesten Baumeister mit der Errichtung der Akademie der Schönen Künste, des Taurischen Palais, des Marmorpalais, des Smolnyj-Instituts, der Akademie der Wissenschaften, der Kasaner Kathedrale und der Admiralität. Mit letzterem Bau, anstelle der von Peter I. begründeten Werft, schließt sich der Bogen. Ganz oben, auf dem vergoldeten Turm, der eigentlich ein Schiffsmast ist, segelt eine Karavelle. Erinnert auch an jenes papierene Schiff, das Peter in seiner Kindheit die Newa herunter in die Ostsee geschickt hatte, um seinem Traum dann später eine Flottille folgen zu lassen. Die Admiralität sendet wie ein Stern dreistrahlig die großen Straßen aus. Hier nehmen für die meisten Besucher die Annäherung, das Vertrautwerden, das Nichtmehrloskönnen ihren Anfang. Auch die Gewißheit: nicht ›Venedig des Nordens‹, nicht ›Russisches Amsterdam‹, sondern - unvergänglich und unvergleichlich - St. Petersburg!

Aus der Musik soll sich die große Zarin Katharina II. überhaupt nichts gemacht haben. Das Gebell ihrer neun Hunde, so ihr angebliches Bekenntnis, sei ihr viel lieber.

Die Kontraste könnten nicht größer sein: Während die Säulen der Kasaner Kathedrale gen Himmel streben, bettelt das Straßenkind auf dem Newskij Prospekt. Die Armut ist greifbar in St. Petersburg.

Seite 14/15: Blick auf die Wassilij-Insel (mit den Prachtbauten der Akademie der Wissenschaften, der ehemaligen Kunstkammer, des Zoologischen Museums und des Museums für Anthropologie).

Knapp 600 Meter lang ist die bogenförmige klassizistische Fassade des Generalstabsgebäudes. Der dem Schloßplatz zugewandte Triumphbogen wird von der Siegesgöttin gekrönt. Der Baumeister Carlo Rossi hatte in Italien gelernt, große Häuserfronten so effektvoll zu gliedern.

Die heutige russische Gesellschaft scheint keinen Platz mehr für ihre Alten zu haben. Wer nicht einmal seine jungen Katzen zum Verkaufen hat, dem bleibt nur das Betteln.

Wenn die Touristen verschwunden sind, zeigt der Schloßplatz seine ganze imperiale Schönheit.

Die (Alte) Börse mit der gleichnamigen Brücke.

Am Tage haben die großen Schiffe zu warten. Erst in der Nacht heben sich alle Brücken, wie die Schloßbrücke, für sie.

Die Romanows

Die Nestorchronik nennt Fürst Rurik als Begründer des Russischen Reiches (862). Er regierte zunächst von Nowgorod aus; unter seinen Nachfolgern - Weisen, Heiligen, Schwachsinnigen und ›Schrecklichen‹ - wurden Kiew, Susdal, Wladimir, Moskau zu Hauptstädten. 1598 beendete der letzte männliche Rurik sein Leben; Demetrius, der vorletzte, war schon sieben Jahre früher ermordet worden. Nach einem blutigen Interregnum (mit gleich mehreren Betrügern, die sich als Demetrius ausgaben) gelangte 1613 der siebzehnjährige Michail Romanow an die Macht, mit dem auch jenes gleichnamige Zarengeschlecht in die russische Geschichte eintrat, das sie bis 1918 mehr oder minder bestimmen sollte. 1913, als die Zeichen der Zeit schon auf Sturm standen, feierte man noch mit großem Pomp - u.a. wurde im Moskauer Aleksandrgarten ein mächtiger Obelisk aufgerichtet - das dreihundertjährige Jubiläum der Dynastie. Am 16. Juli 1918 wurde Nikolaj II. mit seiner Familie von einem Exekutionskommando im damaligen Jekaterinburg (heute Swerdlowsk) erschossen. Und da sich Geschichte immer wiederholt, stand nicht nur Demetrius, sondern auch die Zarentochter Anastasja angeblich wieder von den Toten auf.

Die größte Persönlichkeit der Romanows war ohne Zweifel der vierte Regent, Peter I.; diejenigen, die nachfolgten, versuchten sich zwar an ihm zu messen, doch das gelang nur einer Frau aus dem Anhaltischen, Katharina II. Deren Sohn Paul I. (Regierungszeit 1796-1801) war auch äußerlich degeneriert. Madame Vigée-Lebrun beschrieb ihn als häßlichen Mann mit einer »Stumpfnase und einem sehr breiten Mund mit langen Zähnen, so daß sein Kopf einem Totenschädel glich«. Sein Sohn Aleksandr I. saß 25 Jahre auf dem Zarenthron und wurde, nachdem seine Truppen Napoleons ›Große Armee‹ zerschlagen hatte, als ›Retter Europas‹ gefeiert.

In die Ära Nikolajs I. (1825-1855) fiel die Niederschlagung des Dekabristenaufstandes, während der Name Aleksandrs II. (1855-1881) vor allem mit der Aufhebung der

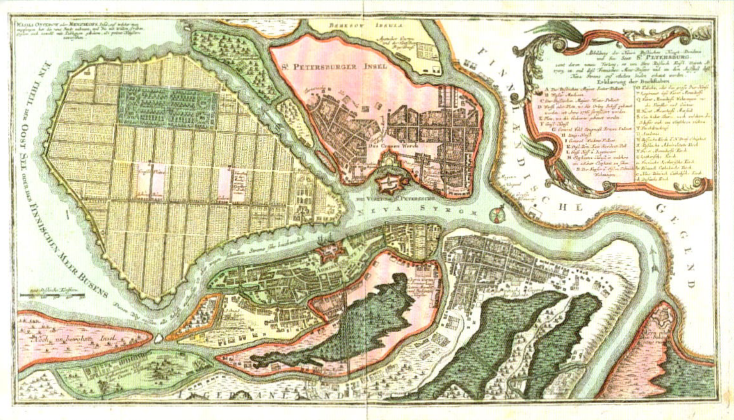

Diese »neue und accurate Abbildung der Statt St. Petersburg samt der umliegenden Gegend« wurde 1728 von Matthäus Seutter in Kupfer gestochen.

oben: Das zeitgenössische Gemälde von Pierre Gobert zeigt Peter I., den ›Allrussischen Imperator‹.

unten: Zarin Elisabeth führte das Werk ihres Vaters (Peter I.) fort und gehört zu jenen Persönlichkeiten, die das Bild St. Petersburgs entscheidend prägten (Kupferstich von G.F. Schmidt, nach Gemälde von L. Tocque).

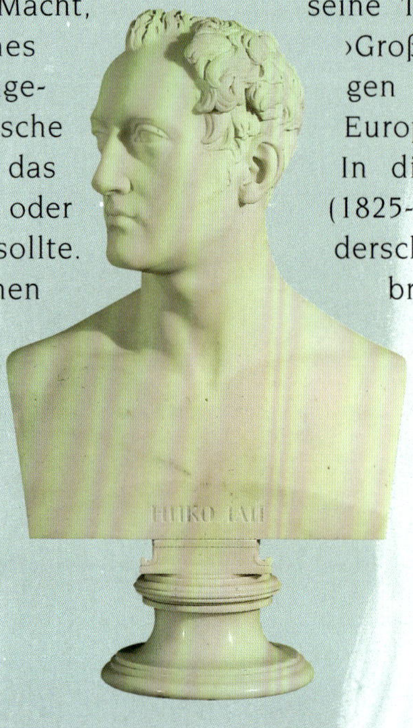

Der berühmte deutsche Bildhauer Christian Daniel Rauch schuf diese Porträtbüste des Zaren Nikolaj I.

Ausgang des 18. Jahrhunderts malte (vermutlich) J.B. Lampi dieses Porträt Katharinas der Großen in Staatsrobe.

Leibeigenschaft verbunden ist. Dennoch wurden auf keinen anderen Zaren so viele Attentate verübt wie auf ihn.

Nachdem ihn eine Bombe zerfetzt hatte, regierte sein Sohn Aleksandr III. (1881-1894). Sein Geheimabkommen mit Bismarck, der sogenannte ›Rückversicherungsvertrag‹, der die Neutralität der beiden Staaten im Kriegsfalle festschrieb, hielt bis zur Abdankung des Kanzlers 1890.

ZARENFAMILIE

Michail
*1596, *regierte* 1613-1645
Alexej
*1629, *regierte* 1645-1676
Fjodor III.
*1661, *regierte* 1676-1682
Peter I., der Große
*1672, *reg.* 1682/89-1725
Katharina I.
*1683, *regierte* 1725-1727
Peter II.
*1715, *regierte* 1727-1730
Anna Iwanowna
*1693, *regierte* 1730-1740
Iwan VI.
*1740, *regierte* 1740-1741
Elisabeth
*1709, *regierte* 1741-1761
Peter III.
*1728, *regierte* 1761-1762
Katharina II., die Große
*1729, *regierte* 1762-1796
Paul I.
*1754, *regierte* 1796-1801
Aleksandr I.
*1777, *regierte* 1801-1825
Nikolaj I.
*1796, *regierte* 1825-1855
Aleksandr II.
*1818, *regierte* 1855-1881
Aleksandr III.
*1845, *regierte* 1881-1894
Nikolaj II.
*1868, *regierte* 1894-1917

Etwa 25 Kilometer südlich von St. Petersburg liegt Zarskoje Selo (Puschkin) mit dem märchenhaften Katharinenpalast, den die Kuppeln der Palastkirche überragen.

Der Große Katharinenpalast, den sich Zarin Elisabeth hatte erbauen lassen, konkurrierte mit der Pracht von Versailles.

Seite 28/29:
Die Samson-Fontäne in Peterhof, der Sommerresidenz der Zaren, gestaltete Bartolomeo Carlo Rastrelli.

Heutzutage kaum mehr vorstellbar: Nach dem Zusammenbruch des deutschen Blockaderinges um Leningrad bestand Peterhof nur noch aus Ruinen, und der Park war vollständig verwüstet.

AN DEN UFERN DER NEWA

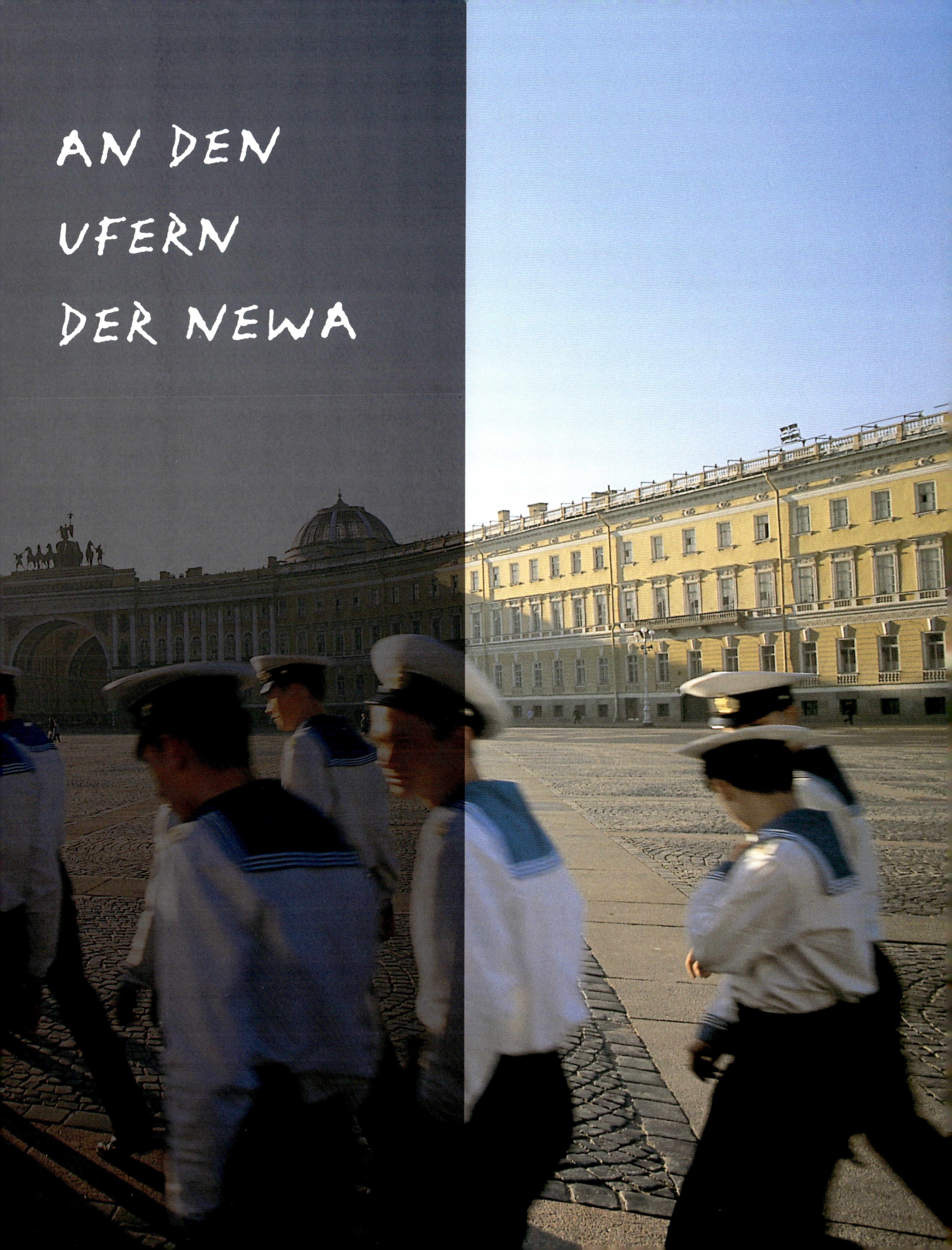

Wenn sich ein St. Petersburger mit einem Gast verabredet, um seine Stadt zu zeigen, dann wählt er zumeist einen der beiden imposantesten Plätze als Ausgangspunkt: den Dekabristenplatz oder den Schloßplatz auf der ›Großen Seite‹. Die beiden anderen sehenswerten alten Stadtteile, die Wassilij-Insel und die Petrograder Seite, liegen, nur durch die Newa getrennt, genau gegenüber. ›Dekabr‹ bedeutet im Russischen Dezember. Am Morgen des 14. Dezembers 1825 (nach neuer Zeitrechnung: 26. Dezember) nahmen auf dem damaligen Senatsplatz etwa 3.000 Soldaten Aufstellung. Nach dem Willen der adligen Revolutionäre - unter Führung des Dichters Rylejew, des Obersten Pestel, des Gardeoffiziers Murawjow und anderer - sollten sie die Absetzung des Zaren und die Errichtung einer Revolutionsregierung durchsetzen helfen. Doch der Ort der erhofften politischen Wende wurde zu dem eines blutigen Gemetzels.

Der Schloßplatz ist ein beliebter Ort für Schaustellungen aller Art und zum Geldverdienen, denn hier sind die Touristen.

Seite 32/33: Matrosen auf dem Schloßplatz, den die knapp 50 Meter hohe Aleksandr-Säule überragt.

Verschwörungen und Attentate

gegen die Zaren gehörten in Rußland fast zum Alltag. Nicht selten waren es die eigenen Familienmitglieder, die selber die Macht anstrebten. So zögerte Peter I. keinen Augenblick, seinen gegen ihn konspirierenden Sohn Aleksej zu Tode foltern zu lassen. Und Paul I. nützte auch das festungsartige Michaelsschloß (um 1800) nichts, denn er wurde in diesem seinem Fuchsbau von den eigenen Offizieren ermordet - nachdem er sich zuvor durch höchst seltsame Verhaltensweisen und Entscheidungen lächerlich gemacht hatte. Der Sohn Katharinas II. haßte seine Mutter so sehr, daß er dem Boten, der die Nachricht von ihrem Ableben überbrachte, auf der Stelle einen Orden verlieh und das Taurische Palais, das Katharina ihrem Liebhaber Potjomkin geschenkt hatte, in eine Kavalleriekaserne umwandeln ließ.

Er beherrscht den Dekabristenplatz: Der "Eherne Reiter", das heißt Peter der Große; in Bronze gegossen, auf einem riesigen, 1600 Tonnen schweren Granitsockel.

Mit solcherlei Intrigen und Gelüsten hatten die Dekabristen nicht das

Schnittpunkt von Zeiten und Welten: Eine der Sphingen, die Zar Nikolaj I. einst vom ägyptischen Staat gekauft hatte, und Isaaks-Kathedrale.

geringste gemein. So wunderte sich denn auch Graf Rostoptschin: »Gewöhnlich machen Schuster eine Revolution, um Herren zu werden; hier machen Herren eine Revolution, um wie Schuster zu werden.« In der Erinnerung der Nachwelt haben sich die Aufständischen wider das Establishment den Platz mit dessen Begründer zu teilen. Peter I., samt Roß fünf Meter hoch und aus Bronze, reitet auf einer gigantischen Woge aus karelischem Granit (der Transport des Steins nach St. Petersburg hatte übrigens zwei Jahre gedauert). Aleksandr Puschkin, Anhänger der Dekabristen und Wegbereiter der großen russischen Literaturtradition, verlieh in seinem letzten großen Poem dem Denkmal den noch heute gültigen Namen : ›Der eherne Reiter‹.

Neben dem Turm der Admiralität ist der Glockenturm der Peter-und-Paul-Kathedrale eines der weithin sichtbaren Wahrzeichen St. Petersburgs.

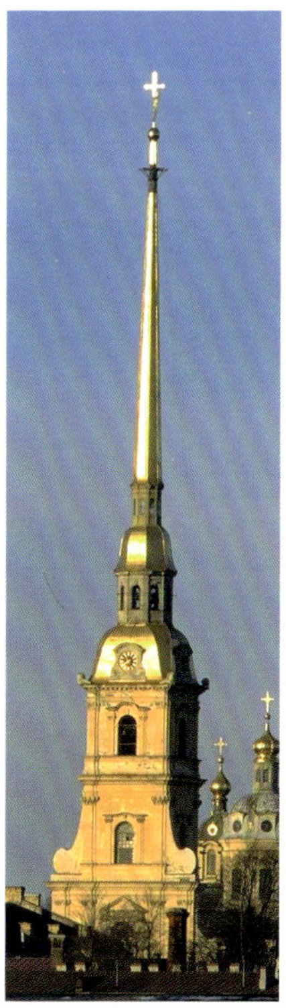

Die Kulisse des Platzes könnte beeindruckender nicht sein: die Senats- und Synodengebäude im Westen, die Isaaks-Kathedrale im Süden. Höhe, Breite und Länge dieses riesigen Kuppelbaues (1858) betragen jeweils um die 100 Meter. In ihm finden 14.000 Menschen Platz. Das enorme Gewicht ruht auf unzähligen eichenen Pfählen. Seit den dreißiger Jahren zum Museum degradiert, durfte diese prächtigste aller Kirchen (deren Interieur durch die selbst für St. Petersburger Verhältnisse ungewöhnlich reiche Ausstattung überwältigt) 1992 erstmals wieder Gotteshaus sein. An der Spitze der Ehrengäste war Boris Jelzin, der - bis zur Präsidentschaft - aus seiner rigoros atheistischen Haltung kein Hehl gemacht und ehedem als oberster Parteifunktionär von Swerdlowsk dafür gesorgt hatte, daß dort auch die letzte - architektonische - Erinnerung an die Zarenherrschaft Spitzhacke und Bulldozern zum Opfer fiel.

24.000 Baumstämme waren nötig, um der Isaaks-Kathedrale, deren Gesamtgewicht auf 300.000 Tonnen beziffert wird, festen Grund zu verleihen.

Turm- und andere Blicke

Wer die Mühen auf sich nimmt, den Turm der Isaaks-Kathedrale zu ersteigen, sieht weit über die Dächer der Stadt hinweg. Von den vielen im wahrsten Sinne des Wortes herausragenden Gebäuden krönen im Süden fünf goldene Kuppeln und ein freistehender Glockenturm die Nikolaus-Marine-Kathedrale (1753-1762), einen Märchenbau in Blau und Weiß - eben den Farben der Matrosen, die einst hier lebten und den heiligen Bischof Nikolaus von Myrna als ihren Schutzpatron verehrten.

Nach dem Vorbild des Petersdomes in Rom errichtet: die Kasaner Kathedrale mit ihren prächtigen Kolonnaden.

Die Kasaner Kathedrale, im Osten, erbaut zwischen 1801 und 1811, sollte eigentlich den Petersdom in Rom kopieren. Doch wie alle großen Architekten, denen die Zaren entweder einen bestimmten Stil oder ein konkretes Bauwerk zur Nachahmung empfahlen, verwirklichte auch der - leibeigene - A. Woronichin lieber seine eigenen Vorstellungen. Angesprochen auf dieses Phänomen verblüffte ein prominenter St. Petersburger mit der Theorie: Rußland habe schon immer allen Architektur-, Kultur- und Ideologieimporten ein eigenes, oft vom Vorbild abweichendes Gepräge gegeben, während man die ›Ausfuhren‹ - so zum Beispiel Lenins ›Revolutionstheorie‹ - anderswo möglichst wortwörtlich praktiziert wissen wollte. Was die Gegenwart beträfe, so erlebe man doch auf Schritt und Tritt, daß die westliche Demokratie schon längst eine russische geworden sei - was viele im Ausland nicht begriffen und sich wunderten, wo es, betrachte man die Geschichte, nichts zu wundern gebe.

Die Admiralität (Marineministerium) stammt von 1711, der über 70 Meter hohe Turm kam erst 1734 hinzu.

Von diesen imaginären Höhen der Philosophie zurück zu den wirklichen der Türme ist es gar nicht so weit. Die goldene Nadel der Admiralität scheint so nahe, als könne man sie mit der ausgestreckten Hand ergreifen. Das Gebäude selbst verbindet Dekabristen- und Schloßplatz. Letzteren beherrscht der riesige Winterpalast (mit den Anbauten von Kleiner Eremitage, Alter Eremitage, Eremitage-Theater und Neuer Eremitage). Von Rastrelli errichtet (1754-1762), ist die säulengegliederte prächtige Südfassade durch einen Triumphbogen mit dem Halbrund des ehemaligen Generalstabsgebäudes verbunden. Platz und Bauten gehen auf den Florentiner Carlo Rossi (1775-1849) zurück, Auftraggeber war Aleksandr I., den ein mächtiger Monolith, in der Mitte des Platzes, ehrt. Der Engel auf dessen Spitze trägt das Gesicht des Monarchen.

Griechische Mythologie im hohen (und kalten) Norden; die Atlanten an der Neuen Eremitage tragen schwer an ihrer Last.

Weiter im Nordosten, an der Newa, liegt das Marsfeld. Der einstige berühmte Exerzierplatz ist von Kasernen und Adelspalästen umgeben und grenzt, nur durch eine Straße getrennt, an den Sommergarten, welchen sich Peter I. einst von seinem Architekten Trezzini anlegen ließ. 1704, nur ein Jahr nach der Grundsteinlegung St. Petersburgs, wünschte sich der große Macher

ein stilles Paradies inmitten des Wassers,

der Sümpfe und der felsigen Inseln. Dieser Ort wird gleich an vier Seiten von blauen Fluß- und Kanalbändern umschlungen. Neben der Newa sind dies Mojka, Schwanenkanal und Fontanka. Letzterer Wasser speisten einst 50 Fontänen, die sich Peter der Große zu seinem Pläsier anlegen ließ. Sein Wohnhaus im Garten, Palast genannt, ist bescheiden und entspricht somit dem Stil des großen Zaren im Persönlichen. Der zweistöckige Bau erinnert an holländische Vorbilder; kein Geringerer als Andreas Schlüter soll für seine Ausschmückung gesorgt haben.

Schon um 1820 erhielt ›anständig gekleidetes Publikum‹ Zutritt zum Sommergarten Peters des Großen.

Der Sommergarten ist der schönste und älteste Park der Stadt. Das schmiedeeiserne Gitter des Haupteinganges an der Newaseite entstand unter Katharina der Großen.

Der Zar liebte es, Parterre zu wohnen. Seine Gemahlin Katharina I. logierte ein Stockwerk höher. Apropos Katharina I.: Sie wurde als Marta Skawronska in Litauen geboren und verteilte ihre Gunst zwischen dem Zaren und seinem Vertrauten, dem ehemaligen Pastetenverkäufer Menschikow, der zu einem der mächtigsten Männer Rußlands aufgestiegen war. Da der Sommerpalast wirklich nur für die Vergnügungen in Familie reichte, wechselte man bei größeren Anlässen über die Newa in den von Menschikow, der die Vorliebe seines Zaren für einfachste Verhältnisse nicht teilte und statt dessen den ersten steinernen Palast der Stadt (1710-1720) errichten ließ. Immerhin gehörte ihm

die Wassilij-Insel - ein Geschenk Peters I.

1714 forderte der allerdings das Eiland wieder zurück. Schien es ihm doch der geeignete Platz für das administrative und kulturelle Zentrum seiner Stadt. Daß dieses schließlich doch nicht hier, sondern über der Newa, auf der heutigen ›Großen Seite‹ errichtet wurde, hatte mit dem erbitterten Widerstand seiner Umgebung zu tun, dem sich der Zar am Ende beugen mußte. Immerhin - der Verlauf der Straßen war schon geplant und ist in schnur-

Die Wassilij-Insel war nicht das einzige Geschenk, das Peter I. von Menschikow zurückforderte. Auch das finnische Gut, das an der Stelle des heutigen Katharinenpalastes in Zarskoje Selo stand, wollte der Zar wiederhaben.

Nicht wenige Touristen friert es schon beim Zuschauen, wenn im strengsten Winter Männer und Frauen zum Eisbaden in die Newa steigen.

gerader zaristischer Geometrie auf uns gekommen. Daß die Zwölf Kollegien (heute Universität) nicht - gleich allen anderen Gebäuden - ihre längste und schönste Seite dem Fluß präsentieren, sondern sich im wahrsten Sinne des Wortes querstellen, soll auf Menschikow zurückgehen. Da dieser möglichst wenig von seinem großen Garten als Bauplatz abtreten wollte, soll er während der Abwesenheit des Zaren entsprechende Anweisung gegeben und dafür, nach dessen Rückkehr, einige gehörige Backpfeifen geerntet haben. Der mehr als umtriebige Mann, der nach Peters Tod dessen Frau (seine Geliebte) - gegen den Widerstand des Adels - auf den Zarenthron gehoben und es selber zum Reichsfürsten und zum Generalgouverneur von Ingermanland, Karelien und Estland gebracht hatte, fiel nach dem Tode seiner Gönnerin tief. Er mußte jenen in den äußersten Winkel des Reiches folgen, die er einst selber dorthin verbannt hatte - nach Sibirien -, wo er schon bald darauf sein Leben beschloß.

Die Schloßbrücke wurde 1912 bis 1916 errichtet und verbindet die Große Seite mit der Spitze der Wassilij-Insel (Strelka).

Der wohl schönste Flecken der Wassilij-Insel ist deren ›Zünglein‹ (auf russisch ›Strelka‹), das sie gen Osten streckt und womit sie den Fluß in die Kleine und in die Große Newa teilt. Mit der Börse (Marinemuseum) als Hintergrund ist der

Die ehemalige Börse (rechts) ist heute Zentralmuseum der Kriegsmarine mit einer halben Million Exponaten, u.a. dem ersten Boot Peters des Großen.

halbkreisförmige Platz am Wasser ein beliebter Treffpunkt für Einheimische und Touristen. Er wird von den beiden Rostrasäulen dominiert, die einst mit ihren Ölfeuern den Seeleuten den Weg gewiesen haben. Von dieser gewesenen Betätigung zeugen auch die Schiffsschnäbel (Rostren) mit Galionsfiguren und die figürlichen Allegorien der vier großen russischen Flüsse (Newa, Wolga, Dnjepr, Wolchow) an den Sockeln. Sie bringen in Erinnerung, daß St. Petersburg an einem weitverzweigten Wasserweg liegt, der den Norden mit dem Süden, die Ostsee mit dem Kaspischen und dem Schwarzen Meer verbindet.

Eine der beiden Rostra-Säulen vor der ehemaligen Börse. Sie dienten einst als Leuchttürme.

Der ›Strelka‹ gegenüber, auf der Petrograder Seite, liegt die Peter-und-Paul-Festung mit der Kathedrale. Während seit dem 18. Jahrhundert ein Kanonenschuß die zwölfte Stunde des Tages markiert, ist man sich über das Lied, das die Glocken auf dem rund 120 Meter hohen Turm der Kirche anzustimmen haben, noch nicht im klaren. Nach der Zarenhymne folgte die der Sowjetunion; beide Imperien sind zerfallen. Bis ein neues und Klarheit in Sicht ist, muß das Geläute schweigen.

Zwei der imposantesten und meistbesuchten Bauwerke der Stadt am Newaufer: Die Admiralität und das Winterpalais (Seite 41).

Die Troickij-Brücke verbindet die »Große Seite« mit der »Petrograder Seite«.
Oben und Unten: Auch in der herrschenden Aufbruchstimmung bleibt St. Petersburg eine Stadt der Flaneure.

Seite 42: Die Isaaks-Kathedrale, aus rotem Granit und grauem Marmor errichtet, ist der drittgrößte sakrale Kuppelbau der Welt und das schönste Gotteshaus St. Petersburgs.

НЕВСКИЙ-24

Die Ostspitze der Wassilij-Insel (Strelka) mit der ehemaligen Börse (Zentrales Museum der Kriegsmarine) und den beiden Rostra-Säulen (oben) teilt den Fluß in die Große und in die Kleine Newa. Im Hintergrund die riesige Fassade des Winterpalais.

Der Newskij Prospekt ist das Herz der Stadt und fast zu jeder Stunde voller Menschen. Viele der neuen Läden und Restaurants sind jedoch für die Einheimischen schlichtweg unerschwinglich geworden - Straßenhändler säumen die Gehsteige.

Der mächtige Bau der Isaaks-Kathedrale bietet fast 15000 Menschen Platz. Er wird vor allem als Museum und erst seit 1992 auch wieder für Gottesdienste genutzt.

Für den russischen Dichter Andreij Belyi war die Front des Winterpalais eine »azurne Mauer in einem Schwarm weißer Säulen«. Die Innenräume, mit den berühmten Sammlungen der Eremitage, sind eher ein Labyrinth.

Seit dem Zusammenbruch der Sowjetunion finden in den vielfach zu Museen umfunktionierten St. Petersburger Kirchen (rechts die Kasaner Kathedrale, oben Ostermesse vor der Spaso-Preobrashenskij-Kathedrale) auch wieder Gottesdienste statt.

Schauplätze der Revolution

Als die Bolschewiki am 7. November 1917 (nach dem alten Kalender: 25. Oktober) die Macht übernahmen, war dies nur die unausweichliche Konsequenz einer Entwicklung, die sich schon mehr als ein Jahrzehnt vorher angedeutet hatte.

Nachdem Zar Nikolaj II. zunächst für den ›Blutsonntag‹ vom 22. Januar 1905 gesorgt hatte, indem er in eine riesige Menschenmenge feuern ließ, die sich vor dem Winterpalais zu einer erwiesenermaßen friedlichen Demonstration (man trug die Bilder der Zarenfamilie bei sich!) versammelt hatte, glaubte er, durch einen ›Scheinkonstitutionalismus‹ seine Herrschaft retten zu können. Doch diese Rechnung ging nicht auf. Während sich das Monarchenpaar blind den angeblich wundersamen Fähigkeiten des Scharlatans Rasputin überließ, gerieten die Verhältnisse im Land immer mehr aus den Fugen. Die Bauern wurden bis aufs Blut gepreßt, in der Armee herrschten unglaubliche Verhältnisse.

Arbeiter und Studenten waren gleichermaßen unzufrieden. Die fortgesetzten Niederlagen und die katastrophale Versorgung während des Ersten Weltkrieges verschärften die revolutionäre Situation; im Jahre 1917 überschlugen sich die Ereignisse. Der Abdankung des Zaren (15. März) folgte Lenins Rückkehr nach Petrograd. Mit einem durch das kaiserliche Deutschland bereitgestellten Sonderzug traf er im April, aus dem Schweizer Exil kommend, auf dem Finnischen Bahnhof in St. Petersburg ein. Im Gepäck seine ›Aprilthesen‹, in denen er die Beendigung des Krieges, die Machtergreifung der Bolschewiki und eine Bodenreform forderte. Doch der Putsch vom Juli mißlang; Lenin mußte sich versteckt halten. Seine Zufluchtsstätten am Rasliw-See (40 Kilometer nordwestlich von Sankt Petersburg) waren eine Heuhütte sowie die Kate eines Arbeiters. Von hier aus spann er die Fäden weiter.

Am Abend des 7. November (25. Oktober) war es dann soweit: Um 21.45 Uhr gab der Panzerkreuzer ›AURORA‹ mit einem Kanonenschuß das vereinbarte Zeichen; die Revolutionäre stürmten das Winterpalais: Einen Abend zuvor

"Zar, Pope und Kulak" - Plakat der Sowjetmacht aus dem Jahre 1918 gegen die Machtstützen des alten Regimes.

Wladimir Iljitsch Lenin (Gemälde von P. Kusnezow) war sowohl Vater der russischen Revolution als auch des Sowjetstaates. Auch die Organisation der Roten Armee fußte auf seinen Schriften. Das Gemälde "Die erste Parade" schuf N.N. Solomin.

Der Panzerkreuzer "Aurora" gab das Signal für die russische Revolution. Heute sind nicht nur das Schiff, sondern auch jene Zeit, die es einst eingeleitet hatte, Geschichte.

Im Smolnyj-Institut befand sich Lenins Kommandozentrale, bewacht von der Roten Garde, die sich zumeist aus Matrosen und Arbeitern rekrutierte.

hatte sich Lenin das Gebäude eines ehemaligen Mädcheninternats im altehrwürdigen Smolnyj-Institut als Befehlszentrale gewählt, von der aus er die

Nachdem die ›Aurora‹ ihre beiden Kanonenschüsse abgefeuert hatte (Holzschnitt von V. Lentschin), begann der Sturm auf das Winterpalais.

Aktionen der Roten Garden leitete. Und hier faßte er auch jenen so folgenreichen Entschluß für die Zukunft Petrograds. Nach genau 124 Tagen Aufenthalt im Smolnyj fuhr er in der Nacht vom 10. zum 11. März nach Moskau und bestimmte es zur Hauptstadt der Russischen Sowjetrepublik.

links: Lenin (Zeichnung von N.A. Andrejew) entschied sich für Moskau und gegen St. Petersburg als Hauptstadt des Sowjetimperiums.

Wladimir Iljitsch Lenin

Der Führer der russischen Revolution und Theoretiker der Weltrevolution, 1870 geboren, hieß eigentliche Uljanow, und Lenin war nur der bekannteste seiner vielen Decknamen, die ihn vor den Nachstellungen der zaristischen Geheimpolizei schützen sollten. Bereits als Student wegen seiner politischen Betätigung gemaßregelt, ereilte ihn später als Anwalt in St. Petersburg die Verbannung nach Sibirien. Danach emigrierte er ins Ausland (Deutschland, Schweiz). Dort entwickelte er das Programm und die Politik der revolutionären russischen Sozialdemokratie (Bolschewiki), die dann 1917 unter seiner Führung das Zarenregime stürzte. Als Vorsitzender des Rates der Volkskommissare verkörperte er bis zu seinem Tod 1924 den Sowjetstaat und die kommunistische Partei.

Unten: Die Säule auf dem Schloßplatz wurde zum Ruhme Zar Aleksandrs I. errichtet. Oben: In der Antikensammlung der Eremitage.

Seite 54/55: Das große Treppenhaus mit der berühmten »Jordantreppe« bildet das prächtige Entree zu den Prunkräumen und Sammlungen der Eremitage.

Seite 57: In dem riesigen Bau verläuft sich der Strom der vielen Besucher; nur in den Gemäldesammlungen steht man zumeist dicht an dicht.

Seit 1922 erst wurden die Schätze der Zaren für die breite Öffentlichkeit zugänglich. Außer der Gemäldegalerie zählen die griechischen und römischen Antiken zu den Attraktionen der Eremitage.

Heutzutage steht zu befürchten, daß die Einheimischen erneut ausgeschlossen werden. Die Eintrittspreise sind für einen Teil der Bevölkerung schon nicht mehr erschwinglich.

Blick über die Newa auf die riesige Front des Winterpalais. Um das Abrutschen des Ufers zu verhindern, wurde eine granitene Kaimauer errichtet. Puschkin kommentierte: »Die Newa hüllte sich in Stein«.

Besonders reizvoll ist eine Bootsfahrt auf den Flüssen und Kanälen der Stadt. Beginnend am Kommandanten-Landesteg an der Peter-und-Paul-Festung führt diese auch am Puschkin-Haus vorbei.

Seite 62/63:
Die Isaaks-Kathedrale mit dem Reiterstandbild des Zaren Nikolaj I.

Von Macht und Reichtum zeugen nicht nur die Gebäude, sondern auch zahllose Details wie Brückengeländer und Straßenlaternen.

Die Winter sind meist lang und hart in St. Petersburg. Und die Eisschollen auf der Newa halten sich bis in den Frühling (Blick auf die Wassilij-Insel).

Machen sich gegenseitig Konkurrenz: Die Türme der Admiralität (oben links) und der Peter-und-Paul-Kathedrale (oben rechts). Letzterer wird von einem monumentalen Engel gekrönt, der ein 7 Meter hohes Kreuz hält.

Der Newskij Prospekt – Lebensader wie eh und je

Wenn man heutzutage auf dem Newskij Prospekt etwas verkaufen und für etwas werben will, bedarf es schon eines besonderen Outfits, um sich von den vielen anderen abzuheben.

Für Nikolaj Gogol stand fest: »Es gibt nichts Schöneres als den Newskij Prospekt.« Denn: »Wer etwas Wichtiges, Unaufschiebbares zu erledigen hat, vergiβt bestimmt alles Geschäftliche, sobald er ihn erreicht«, er »ist der Treffpunkt von ganz St. Petersburg«. Schlieβlich: »Man kann mit aller Bestimmtheit sagen, daβ der Newskij Prospekt ... bis zwölf Uhr mittags für niemanden ein Ziel darstellt, vielmehr nur ein Mittel ist: Er wird allmählich von Menschen überflutet, die ihre Arbeit, ihre Sorgen, ihren Ärger haben, sich aber nicht im geringsten darum kümmern«.

Seither, Gogol zog 1828 nach St. Petersburg, hat sich - mit der Welt - auch diese Stadt geändert. Schön ist der Newskij Prospekt noch immer, Treffpunkt für ganz St. Petersburg auch. Aber von wegen Oase auβerhalb des Geschäftslebens; genau das Gegenteil ist der Fall! Die Yuppies entsteigen, verpackt in Garderobe aus Paris, der deutschen Nobellimousine (neuestes und repräsentativstes Modell), um mit ausländischen Partnern im Restaurant des "Grand Hotel Europe" zu speisen und, was fast noch wichtiger für das Renommee ist, um sich zu zeigen. Inmitten schönstem Jugendstilinterieur gehört es zum guten Ton, altrussische Gerichte - Borschtschsuppe, Piroggen oder Plinsen - zu verzehren. Kaviar ist fast schon ›out‹. Doch während hier mit schwindelerregenden Zahlen jongliert wird, muβ man sich drauβen bescheidener geben auf der Jagd nach ein paar Dollar, Mark oder Schweizer Franken. Was jedoch all die groβen und kleinen Geschäftemacher verbindet, ist deren unüberwindliche Abneigung gegen die einheimische Währung, den Rubel.

Offensichtlich hat diese junge Frau gut lachen ... Im übrigen haben alle groβen Dichter, die in dieser Stadt lebten, St. Petersburgs schönem Geschlecht ein Loblied gesungen.

Das Grand Hotel Europa stammt aus den 70er Jahren des vergangenen Jahrhunderts. Nach gründlicher Renovierung in den letzten Jahren hat es fünf Sterne und ›westliche‹ Preise.

Lebende und Tote

Nirgends sonst in der Stadt verspürt man den Wandel, die Veränderungen nach dem Zerfall der Sowjetunion so deutlich wie hier auf dem Newskij Prospekt und den angrenzenden Straβen und Gassen. Nirgends sonst sind die Kontraste und

Seite 66/67: Barocke Atlanten tragen die Dreiviertelsäulen der Fassade des Belosselskij-Beloserskij-Palais.

Extreme so eng beieinander wie auf den knapp fünf Kilometern Weg zwischen der Admiralität und dem südöstlich gelegenen Newskij-Kloster. Dieses, 1710 durch Peter I. gegründet, war über Jahrhunderte hinweg eines der wichtigsten Zentren der russischen Orthodoxie und die Benennung kein Zufall. Mit dem heiliggesprochenen Nowgoroder Fürsten Aleksandr Newskij ist das Kloster einem Mann gewidmet, der Mitte des 12. Jahrhunderts sowohl die Schweden als auch die Deutschordensritter in die Schranken verwiesen hatte.

Für nicht wenige St. Petersburger ist der soziale Fall zu einer beängstigend realen Vision geworden.

Der Klosterbezirk ist durch Mauern und einen Wassergraben geschützt und wird von zwei mächtigen Kirchen beherrscht: die barocke Mariä Verkündigungs-Kathedrale in leuchtendem Rot-Weiß und die Dreifaltigkeits-Kathedrale in klassizistischer Zurückhaltung. Beide Gotteshäuser gehen auf Trezzini zurück; die Dreifaltigkeits-Kathedrale erhielt ihr heutiges Gepräge allerdings erst 1790 durch Iwan Starow. Wer es einrichten kann, sollte am 10. September oder am 23. November hierher kommen. An diesen Tagen feiert man mit großem Prunk und festlichen Prozessionen die Überführung der Gebeine des Heiligen beziehungsweise seinen Namenstag. Im Kontrast zum Schnee des Novembers leuchten Gebäude, Ikonen, Gewänder noch feuriger, gehen die frommen Gesänge noch mehr ans Herz.

Dann sind auch die Bäume der Friedhöfe ohne Laub, und das Geäst ist auf schwarze Konturen reduziert - wie die Gräber darunter auf die Namen der Großen, die hier zur letzten Ruhe gebettet wurden. Kein Zweifel: Lazarus- und Tichwiner-Friedhof, dazu jener vor der Dreifaltigkeits-Kathedrale und der ein paar hundert Meter südöstlich

Der Lazarus-Friedhof, auf dem Gelände des Aleksandr-Newskij-Klosters, ist die älteste Grabanlage der Stadt.

Wie auf dem Lazarus-Friedhof finden sich auch auf dem benachbarten Tichwiner Friedhof die Grablegen vieler bekannter Persönlichkeiten.

Auf dem Tichwiner Friedhof wurde - 1881 - auch Fjodor Dostojewski beigesetzt.

gelegene von Wolkowo bilden das Pantheon der russischen Kultur und Kunst, der Wissenschaften und des öffentlichen Lebens, und zwar für die Zeit, als St. Petersburg Hauptstadt war. Hier trifft man sie alle: die Baumeister und Künstler (Starow, Woronichin, Schtschedrin), die Musiker und Komponisten (Glinka, Mussorgskij, Borodin, Tschaikowskij, Rubinstein, Rimskij-Korssakow), die Naturwissenschaftler (Lomonossow, Euler, Mendelejew, Pawlow), die Dichter (Karamsin, Krylow, Dostojewskij, Turgenjew, Saltykow-Schtschedrin, Gontscharow, Block). Und die Lebenden, die St. Petersburger, die ihren großen Toten Blumen ans Grab bringen.

Obwohl Lenins Staatsdoktrin von der ›Diktatur des Proletariats‹ in die Sackgasse geführt hat, bleibt ihm und seinen Mitstreitern doch das Verdienst, auch dem einfachen russischen Volk Zugang zu den Zeugnissen und Hinterlassenschaften der Kunst, Kultur und Wissenschaft ermöglicht zu haben, der unter den Zaren unmöglich war. So gibt es wahrscheinlich kein ergriffeneres, andächtigeres Theater-, Konzert-, Museums-, Lesepublikum als das russische! Hier wird überall gelesen: in der Metro, in den Parks, beim Warten auf den Bus. Und die Aufführungen der Schostakowitsch Philharmonie oder der Glinka-Kapelle sind ebenso regelmäßig ausverkauft wie die des Großen Dramentheaters, des Kleinen Theaters für Oper und Ballett (Mussorgskij Theater) oder des legendären Marinskij-Theaters. Allerdings steht zu befürchten, daß dies sich bald ändern wird, weil die Einheimischen nicht mehr - falls sie überhaupt Arbeit haben - einen Bruch-, sondern einen Großteil ihres Gehalts für die Billetts aufbringen müssen. Das Herzstück des Newskij Prospektes wird

Die Anitschkow-Brücke ist eine der schönsten Brücken der Stadt. Sie wird von der bronzenen Figurengruppe der ›Rossebändiger‹ geschmückt.

Witz aus einer Petersburger Zeitung: »Heutzutage sind die Eintrittskarten so teuer, daß man sich nicht einmal in den Theatern mehr wärmen kann!«

durch zwei Brücken begrenzt.

Die Volksbrücke überspannt die Mojka, die Anitschkow-Brücke die Fontanka. Ihr Namensgeber war ein Oberst unter Peter I., dessen Regiment einst den ersten

Löwen und Greife ›bewachen‹ die beiden schönsten Fußgängerbrücken, die der Ingenieur G. Traitteur zwischen 1825 und 1826 errichtete.

hölzernen Brückenschlag in der damals noch jungen Stadt vollzogen hat. Heute ist der Übergang längst aus Stein und einer der meistgerühmten unter den mehr als vierhundert, welche die Newa, die vielen Nebenflüsse und Kanäle queren. Angesichts dieser Fülle bedürfte es schon eines (auch im russischen Märchen bekannten) Wunderspiegels, um die schönste zu küren. Die St.Petersburger indes haben längst entschieden und der ausschließlich Fußgängern vorbehaltenen Bankbrücke über den Gribojedow-Kanal die Krone verliehen. Wahrscheinlich auch deshalb, weil hier das Problem der Statik durch eine ästhetische Komponente gelöst wird - zwei Greifenpaare halten die Stahlseile in ihren Mäulern. Auf der Anitschkow-Brücke versucht sich ein Jüngling als Rossebändiger. Der Bildhauer Michail Klodt von Jürgensburg ›erzählt‹ diese Geschichte in vier verschiedenen Teilen, sprich: Gruppen.

Brückenschlag über der Fontanka am Kutusow-Kai. Der Kanal speiste einst die Fontänen des Sommergartens.

Das Anitschkow-Palais, an der südlichen Seite des Newskij Prospektes, ist einer der frühesten Bauten an dieser Straße überhaupt. Sein Ruf indes gründet sich weniger darauf, sondern auf die amourösen Abenteuer gleich zweier bedeutender Zarinnen, denen es die Kulisse zu liefern hatte. Peters des Großen Tochter Elisabeth hielt hier ihren Geliebten und (morganatischen) Ehemann Aleksej Rasumowski in einem goldenen Käfig, wo er - zu ihrem Gefallen - zu singen hatte. Während der gewesene Bauer und spätere Chorsänger des Winterpalastes seiner ungewöhnlichen Stimme wegen Karriere machte, sollen es im Falle des Fürsten Potjomkin nicht nur politische und militärische, sondern auch erotische Fähigkeiten gewesen sein, die Katharina II. veranlaßten, ihrem Ratgeber und Geliebten das Anitschkow-Palais zu schenken. Die Fama freilich weiß zu berichten, daß der mehrfach Talentierte auch ein großer Theaterspieler gewesen war. Im besonderen soll er sich bestens auf Kulissen verstanden haben, die er entlang einer Straße aufbauen ließ, die

»Als Katharina heiratete, war sie sechzehn, ihr Gatte ein Jahr älter. Er interessierte sich nur fürs Marionettenspiel und liebte Zinnsoldaten …« Aus einem zeitgenössischen Bericht.

Katharina 1787 dem Dnjepr entlang mit ihrer Kutsche befuhr. Ihre Täuschung jedenfalls ist sprichwörtlich geworden, und

die Potjomkinschen Dörfer

stehen seither für einen großen Bluff. Die Große Katharina, in schwarzem Granit gehauen, beherrscht noch heute mit strengem Blick den Ostrowskij-Platz. Sie wacht dort über die riesige Saltykow-Schtschedrin-Bibliothek (27 Millionen Bücher), in die auch die von ihr erworbene Bibliothek Voltaires eingegangen ist, sowie über das Puschkin-Dramentheater (Alexandrinskij-Theater). Das klassizistische Gebäude wendet seine schönste Seite, mit sechssäuliger Loggia, dem Newskij Prospekt zu. Es ist ebenso eine Schöpfung Rossis wie die Straße dahinter (Rossi Straße), ein Kabinettstück architektonischer Ausgelassenheit, ein geniales Spiel mit Maßen und Proportionen, ein Rückblick des Klassizismus auf sein Vorbild, die Antike. Die Perfektion hat auch ein Gesicht: Exakt 220 Meter ist diese Straße lang - wie die sie säumenden Gebäude, die sich spiegelgleich ihre Fassaden zeigen. Und die Breite der Straße findet ihre Entsprechung in der Höhe der Bauten - genau 22 Meter. Das Vorbild lieferten die Ruinen einer legendären Oasenstadt, der St. Petersburg einen weiteren Beinamen zu verdanken hat: ›Palmyra des Nordens‹. Geboren zu einer Zeit, als man die Antike hoch- und den Barock völlig geringschätzte, war er aber auf Dauer untauglich und geriet - zu Recht - in Vergessenheit.

M. J. Saltykow-Schtschedrin (1826-1889) war einer der großartigsten Satiriker der russischen und der Weltliteratur. Seine politischen Märchen »Die Tugenden und die Laster« sind auch heute noch eine empfehlenswerte Lektüre.

Babuschka, das russische Wort für Großmutter, ist fast schon ein Kosename. Im sozialen Gefüge der traditionellen Großfamilie hat die Oma noch heute ihren festen Platz.

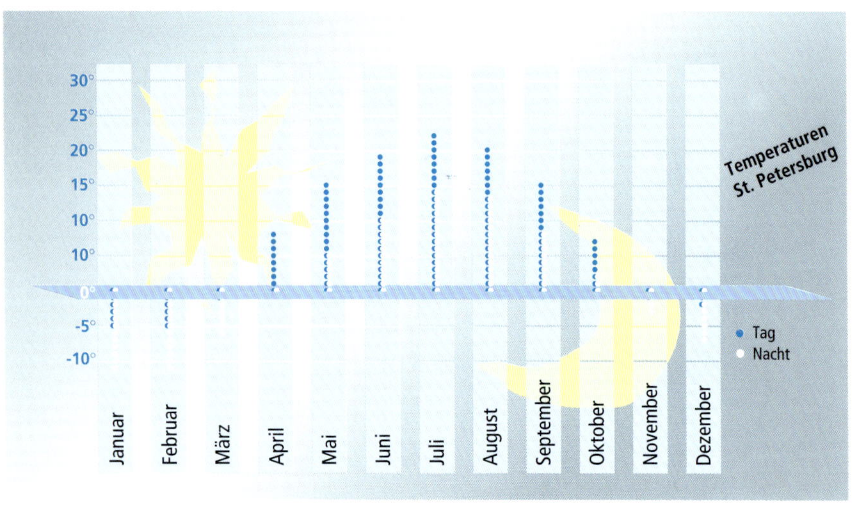

Frühklassizistisches Erbe bezeugt auch St. Petersburgs größtes und schönstes Kaufhaus, der ›Gostiny Dwor‹. Der riesige Bau mit der einen Kilometer langen Fassade wurde, 1761- 1785, von den Petersburger Handelsherren finanziert. Die Touristen haben längst herausgefunden, daß hier alles noch viel billiger ist als in den herausgeputzten neuen Einzelhandelsgeschäften, wo der Nepp regiert. Decken sich deshalb mit Proviant ein und mit Souvenirs für Zuhause.

Menschen wie Bäume, und Bäume ohne Ende.

Wer sich nicht mit Matrjoschki oder Stücken aus dem Nachlaß der Roten Armee (Uniformen, Mützen, Koppeln, Orden - Kalaschnikows gibt es selbstverständlich auch zu kaufen, aber nicht hier) begnügen will, hat es nicht allzuweit zum ›wilden‹ Kunstmarkt an der Klenowa Alleja oder in die ›Neue Akademie der Künste‹ in der Puschkinskaja Uliza 10 - mit Galerie und vielen privaten Ateliers. »Die Wahrheiten von gestern fallen zusammen wie Kartenhäuser«, hieß es in einem Kunstmagazin über die ›Neo-Akademisten‹. Ihr Programm umfasse »Schönheit ... gegenständliche Malerei und ansehnliche Akte, elegische Blicke und antikisierende Kostüme«. Der Begründer der Akademie verkündete: »Wir wollen eine Revolution gegen die weltweit vorherrschende Moderne.«

Auf den Märkten werden die Touristen, auch wenn sie glauben, ein besonderes Schnäppchen erworben zu haben, meistens übervorteilt. Die Festpreise in den Läden sind vielfach niedriger.

Das alte Sankt Petersburg wird auch diese Revolution überleben.

Die Auferstehungskirche ließ Aleksandr III. an jener Stelle errichten, an der sein Vater am 1. März 1881 einem Attentat zum Opfer fiel.

In St. Petersburg ist das Wasser immer gegenwärtig und den Palästen und Häusern an den Ufern ein Spiegel - sei es nun die Fontanka (Mitte oben) oder die Mojka, zwischen Schloßplatz und Newskij Prospekt (Mitte unten).

»Tore sind die Münder der Häuser. Sie erzählen Geschichten.« (Lew Tolstoj)

Die 1790 vollendete Dreifaltigkeitskathedrale, ein mächtiger klassizistischer Bau, prägt das Bild des weiträumigen Aleksandr-Newskij-Klosters.

Seite 76/77: Delikatessen inmitten schönstem Jugendstilinterieurs - das berühmte Feinkostgeschäft Jelissejew auf dem Newskij Prospekt.

Fassaden sind wie Gesichter - sie erzählen von guten und schlechten Zeiten, von Triumphen und Niederlagen…

Direkt am Newskij Prospekt ist das Fünf-Sterne-Hotel gelegen, das den Namen der berühmten Straße trägt. Auch der Portier kann Geschichten erzählen…

Einmal auf dem Newskij Prospekt, kann man nicht mehr in die Irre gehen: Die Turmspitze der Admiralität ist weithin sichtbar.

So großzügig die Zaren ihre Straßen bauen ließen - dem Moloch Automobil sind auch sie nicht mehr gewachsen.

So wie in Moskau auch sind St. Petersburgs Metrostationen mehr als nur Knotenpunkte eines weitverzweigten Beförderungssystems. Sie alle haben ein unverwechselbares Gesicht.

Den Musen Thalia und Polyhymnia wurde in dieser Stadt schon immer gehuldigt.
Oben: Fontanka-Jugendtheater.

Mitte und unten: Mariinskij (Kirow)-Theater.

Gaunerstück mit (neu-) russischer Staffage: Die "Dreigroschenoper" im Fontanka-Jugendtheater.

Stadt der Dichter

Krylow und Puschkin, Gogol und Dostojewskij, Gontscharow und Block, die Achmatowa und viele andere: Es war ihre Stadt. Hier haben sie - zumindest zeitweise - gelebt und geliebt, gelitten und gehaßt und geschrieben. Sankt Petersburg und seine Bewohner sind eingegangen in ihre Werke.

Weil der junge schwärmerische Aleksandr Puschkin (1779-1837) in seiner politischen Lyrik die zaristische Tyrannei gegeißelt und die Freiheit des Individuums gefordert hatte, ließ ihn Aleksandr I. aus der Hauptstadt entfernen; er wurde in den unwegsamen Kaukasus verbannt. Auch nach seiner Rückkehr war er mehr geduldet denn erwünscht. In seinen Tagebuchaufzeichnungen zitiert er Aleksandrs Bruder und Nachfolger auf dem Zarenthron, Nikolaj I., mit den Worten: »Wenn es ihnen (den Untertanen) so schwerfällt, ihren Pflichten nachzukommen, werde ich schon einen Weg finden, sie davon zu befreien.« Der Weg, den man für Puschkin fand, war der eines provozierten Duells im Februar 1837. In der Bibliothek seines Hauses, an der Mojka, erlag er den dabei erlittenen Verletzungen.

Vor dem Russischen Museum steht das Puschkin-Denkmal des Bildhauers M. Anikuschin, das 1957 enthüllt wurde.

Das Gebäude ist heute ebenso Memorialmuseum wie jenes Haus, in dem Fjodor M. Dostojewskij die letzten drei Jahre seines Lebens (1821-1881) an seinem Buch ›Die Brüder Karamasow‹ geschrieben hat - ohne es vollenden zu können. Das Werk dieses großen Epikers ist besonders eng mit St. Petersburg verwurzelt, und die Spurensuche durch die Straßen der Stadt, die Mitarbeiter des Dostojewskij-Museums (Kusnetschnyj-Gasse) anbieten, ist Literaturfreunden sehr zu empfehlen. Wie Puschkin mit seinem Poem »Der eherne Reiter« hat Dostojewskij mit dem novellistischen Roman »Weiße Nächte« viel für die Publizität St. Petersburgs getan.

Das dritte sehenswerte Literaturmuseum (im Schremetjew Palais) ist Anna Achmatowa (1889-1966), der - vorerst - letzten großen russischen Lyrikerin gewidmet. 1922 erlebte sie in ihrer Stadt einen »Niedagewesenen Herbst«:

Der

»hatte hoch eine Kuppel gebaut,
Die Wolken hatten Befehl, nicht über die Kuppel zu fahren,
Und es staunten die Menschen: da ging der Septemberrauch,
Doch wo blieben die kühlen, nebligen Tage?
Smaragden wurde das Wasser der trüben Kanäle,
Und die Brennessel duftete stärker als Rosen im Wind ...«

Aleksandr Puschkin (Gemälde von A.P. Jelagina) gilt als Begründer der klassischen russischen Literatur. Fast jeder Russe kann auf Anhieb wenigstens ein paar Verse des Dichters rezitieren ...

Das Literaturmuseum an den Ufern der Newa.

DOSTOJEWSKIJ

Besonders schön war es mit Dostojewskij, wenn er abends ganz allein bei uns war. Die üblichen Unterhaltungen lagen ihm ganz und gar nicht; er sprach bloß in Monologen und ging nur aus sich heraus, wenn alle Anwesenden ihm zusagten. Manchmal erzählte er uns den Inhalt eines künftigen Romans, manchmal Szenen und Begebenheiten aus seinem eigenen Leben. Besonders lebhaft erinnere ich mich seiner Schilderung von jenen Minuten kurz vor seiner schon befohlenen Hinrichtung, als er bereits mit verbundenen Augen vor den Soldaten stand, die mit dem Gewehr im Anschlag auf das Kommando Gebt Feuer! warteten; aber plötzlich wurde die Trommel gerührt und verkündigt, daß er begnadigt sei.«

Sonja Kowalewsky: ›Erinnerungen an meine Kindheit‹

»Eine Testamentsfälschung, und was für eine ...! Darauf steht öffentliche Auspeitschung!«

»Durchlaucht, ich sage das nicht, um Tschitschikow zu verteidigen – aber es ist doch eine Sache, die noch gar nicht bewiesen ist: die Untersuchung ist noch gar nicht abgeschlossen.«

»Der Beweis ist vorhanden: die Frauensperson, die man die Rolle der Verstorbenen mimen ließ, ist in Haft genommen. Ich will sie eigens vor Ihnen verhören.«

Der Fürst schellte und gab den Befehl, die Frau holen zu lassen.

Murasow verstummte.

»Solch eine Schändlichkeit! Und zur Schande sind noch dazu die ersten Beamten der Stadt darin verwickelt, sogar der Gouverneur. Er dürfte doch nicht dabei sein, wo Diebe und Lumpen im Spiel sind!« sagte der Fürst zornig.

»Aber der Gouverneur ist doch auch Erbe, er hatte doch Ansprüche darauf; und daß die andern von allen Seiten sich herangemacht haben, das ist doch nur menschlich, Durchlaucht! Mit Verlaub, es ist eine reiche Frau gestorben, vernünftige und gerechte Verfügungen hat sie nicht getroffen; da finden sich eben von allen Seiten Leute ein, die einen guten Bissen erwischen möchten – das ist doch nur menschlich ...«

»Aber warum gleich solche Gemeinheiten? Diese Schufte!« sagte der Fürst empört.

»Nicht einen einzigen anständigen Beamten habe ich: lauter Schurken!«

»Durchlaucht! Wer von uns ist denn so anständig, wie er sein soll? Alle Beamten unserer Stadt sind doch auch Menschen; sie haben auch ihre Vorzüge, und viele von ihnen verstehen sehr viel von ihrer Sache; der Sünde aber ist ein jeder nah.«

»Hören Sie, Afanassij Wassiljewitsch: erklären Sie mir das – Sie sind doch der einzige anständige Mensch, den ich kenne –, was haben Sie für eine Leidenschaft, allerhand Schurken in Schutz zu nehmen?«

»Durchlaucht«, erklärte Murasow. »Wie der Mensch auch sei, den Sie einen Schurken nennen – er ist doch immerhin ein Mensch. Wie soll man einen Menschen nicht in Schutz nehmen, wenn man weiß, daß er das Schlechte, was er tut, zur Hälfte aus Roheit und Unwissenheit tut? Wir tun doch auf Schritt und Tritt unrecht und verursachen in jedem Augenblick andern Menschen Unglück, auch ohne jede böse Absicht. Haben doch auch Durchlaucht ein großes Unrecht getan ...«

Gogols "Tote Seelen" (1842) war die bislang radikalste literarische Abrechnung mit der verkommenen zaristischen Gesellschaft. Der Titel zielt auf Leichengeschäfte ...

Marc Chagall schuf die wohl berühmtesten Illustrationen zu Nikolaj W. Gogols Roman ›Tote Seelen‹.

Dostojewskijs Grab auf dem Tichwiner Friedhof.

Ob im Atelier oder auf der Straße - die St. Petersburger Kunstszene boomt ...

Ein großes eigenes Atelier - wie das von Olga Nodarischwili - wird für viele ihrer Kollegen ein unerfüllbarer Traum bleiben.

Befreit von der Bevormundung durch Partei und Staat ist die Akademie der Künste wieder eine erste Adresse, in der auch Restauratoren herangebildet werden.

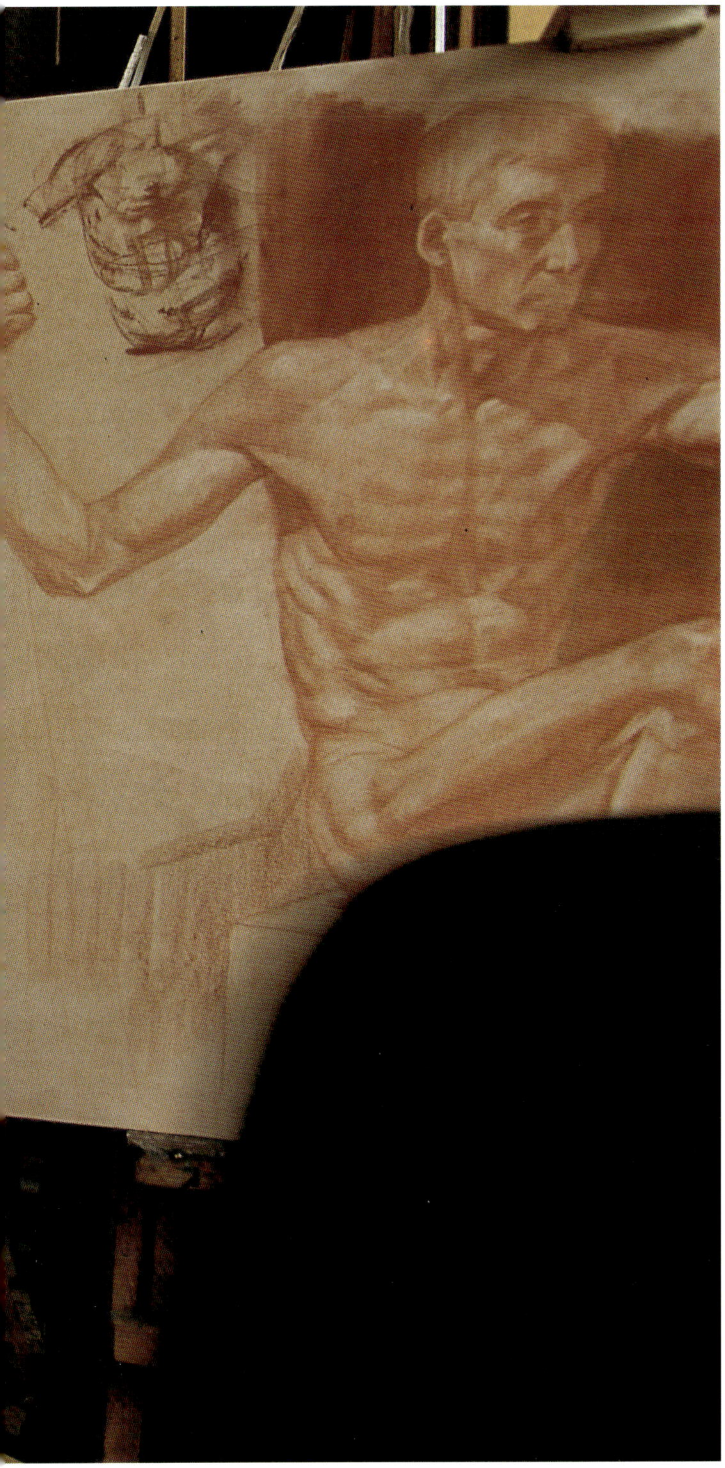

Allerdings ist das Studium für viele von einem doktrinären zu einem sozialen Problem geworden. Die ehedem obligatorischen Stipendien gehören inzwischen der Vergangenheit an.

Parkansichten. Die Stadt ist reich an großzügigen Anlagen. Gefährdeter als die Kunstwerke sind allerdings die Bäume - man braucht sie als Brennholz, um die Winter zu überleben.

BEGEGNUNGEN – DIE EINHEIMISCHEN UND IHRE GÄSTE

›Sommerliche Troika‹ nannte der Maler A. Kruglikow sein Bild aus dem Jahre 1942.

Walentin steht mit seiner Gitarre vor dem Russischen Museum und singt so schwermütige Lieder, daß einem die Tränen kommen: »Wie verblaßt ist doch das Abendrot. Eine Troika, Brüder, eine Troika mit grauscheckigen Pferden jagt vorüber. Haltet sie auf, Brüder; wenn sie der Morgen erreicht, ist alles vorbei...« Walentin ist Zigeuner, und er sang früher vor der Christi-Auferstehungs-Kathedrale, einem Märchenbau im altrussischen Stil, den kein Tourist (auch wenn die Pforte nach wie vor nur den Restauratoren geöffnet ist) ausläßt.

Seit dem Zusammenbruch der Sowjetunion und der anhaltenden schweren wirtschaftlichen und politischen Krise des Landes müssen die Petersburger um ihren Wohnraum und um Arbeit kämpfen. Dazu gehört auch der beste Platz auf der Straße: fürs Singen, Musizieren, Verkaufen - sowie fürs Stehlen und Prostituieren. Walentin hat anderen weichen müssen. So sei das Leben nun einmal, meint er lächelnd - und er sei es gewohnt. Seinen Platz vor der Kathedrale hätten gleich drei andere eingenommen, und sie spielten, der Teufel soll sie holen, Tschaikowskij, Borodin oder Glinka. Profis, sagt Walentin bitter, die früher, als Mitglieder des Nohra-Militärensembles in der DDR, eine akademische Ausbildung und Offiziersgehälter gehabt hätten. Nicht zu ändern, Brüderchen... Und während ich in meinem Geldbeutel suche, läßt er mich wissen, ich möge doch bitte sehr die Inflation bedenken, weswegen ihm Mark viel lieber seien als Rubel.

Kunst und Künstler wurden in der Sowjetunion subventioniert. Heutzutage sind besonders viele Musiker und Theaterleute ohne Arbeit und Perspektive.

Auch was Zeitungen betrifft haben die Russen jetzt die Qual der Wahl.

Gastfreundschaft kontra kleine und große Gauner

Abgesehen von den Auslassungen der deutschen Regenbogenpresse über die St. Petersburger Verhältnisse, sprich: die Gefahren, welche die Touristen erwarten, raten mittlerweile auch Reiseveranstalter und -führer zu gewissen Vorsichtsmaßnahmen. So, nie in ein Taxi zu steigen, in dem sich noch eine andere Person als der Fahrer befindet, oder obskuren Händlern in einen Hausflur oder gar in eine Wohnung zu folgen. Das Problem liegt darin, daß mittlerweile nur noch die ausländischen Besucher in dieser Stadt gut

Seite 92/93: Obwohl die St. Petersburger - wie alle Russen - Kinder mögen, kommen seit dem Umbruch immer weniger auf die Welt.

Das Angebot an einheimischen Waren ist nicht besonders vielfältig. Fischkonserven in Tomatensauce dominieren beispielsweise noch immer.

leben können und ein zunehmend größerer Teil der Bevölkerung nicht mehr. Was für uns billig, ist für die Einheimischen oft unerschwinglich. Und die zunehmende Nostalgie nach den alten Zeiten ist beileibe keine Sehnsucht nach dem Kommunismus, sondern nach einer erträglichen Lebensqualität und sozialer Sicherheit. Fest steht jedenfalls, daß mit den Touristen auch die Nepper, Schlepper, Bauernfänger, all die kleinen und auch großen Gauner in St. Petersburg zunehmen. Sie konzentrieren sich - wie auch hierzulande - auf bestimmte Orte, suchen dort ihre Opfer: auf Flugplätzen, an den Anlegestellen der Fährschiffe, vor und in Hotels und Bahnhöfen. Im Finnischen Bahnhof auf der Wyborger Seite, wo die Züge aus Helsinki enden, endet auch so manche Trinktour der daheim zum dosierten Genuß genötigten Blondschöpfe mit dem Totalverlust aller Habe, einschließlich der allerletzten Kleidungsstücke.

Vorsicht vor Schwarzkäufen: Auch scheinbar perfekt verschlossene beziehungsweise versiegelte Wodkaflaschen können nur Wasser enthalten!

Die St. Petersburger wissen um diese Probleme, und sie sind alles andere als glücklich darüber. Geben sich die allergrößte Mühe, mit ihrer sprichwörtlichen Herzlichkeit den Gästen das Gefühl zu vermitteln, daß sie hier willkommen und - mehr noch - bei Freunden sind. In dieser Stadt werden also nicht nur Seelen verkauft, sondern auch Herzen verschenkt!

Hast Du einen Russen zum Freund, so hast Du einen Freund fürs Leben

Trotz der Sprachbarriere fällt es in dieser Stadt nicht schwer, mit den Einheimischen in Kontakt zu kommen. Wenn dabei für beide Teile noch ein Geschäftchen herausspringt - um so besser. Der beste Ort, die günstigste Gelegenheit für tiefere Einblicke in den Alltag der Sankt Petersburger sind die Märkte, wovon es - große - an die zwanzig gibt. Am interessantesten, was die Vielfalt des Angebotes, die Herkunft der Händler betrifft, geht es zweifellos auf dem Kusnetschnyi-Markt zu, wo einem nicht nur in der schönen Halle, sondern auch draußen die Augen

Mag das Zimmer auch noch so eng sein - diese jungen Studenten sind froh, ein Dach überm Kopf zu haben, das sie auch bezahlen können.

Irgendetwas gibt es immer zu verkaufen; doch viele dieser Straßenhändler bangen von einem Tag zum anderen um das Überleben.

übergehen von all den vielen Waren und die Ohren klingen bei dem babylonischen Sprachgewirr der Verkäufer, die aus nahezu allen Republiken der ehemaligen Sowjetunion kommen. Doch da die vielen ausländischen Besucher die Preise immer höher treiben, sind sie mittlerweile auch fast schon in der Mehrheit gegenüber den Einheimischen. Die kaufen lieber, weil billiger, außerhalb des touristischen Treibens in ihren Wohnvierteln.

»Je weniger der Russe hat, desto mehr kann er daraus machen. Seine Feste sind wahre Wunder an Improvisation und unvergeßlich.« Ernst Toller

Wo sie natürlich auch die Feste feiern! Und was für welche! So sehr man sich sonst auch zurückhalten muß - an Geburtstagen, Hochzeiten oder zu Neujahr wird an nichts gespart! Oder, besser gesagt, viele sparen heutzutage das ganze Jahr über für eben diese Höhepunkte. Während man noch vor einigen Jahren ein ganzes Restaurant gemietet hat, ist das heutzutage für die meisten kaum mehr möglich. Sie sind gezwungen, sich zu Hause zu vergnügen, wo es an und für sich schon ziemlich eng ist, denn die traditionelle russische Großfamilie - mit manchmal vier Generationen in einer Wohnung - wird wohl noch einige Zeit Bestand haben. Auch wenn Babuschka gern ein eigenes Zimmer hätte, statt es mit dem Enkel teilen zu müssen, der schon zur Lehre geht und lieber heute als morgen von zu Hause wegziehen möchte, sind solche Träume mehr als utopisch. So gibt es zwar immer weniger Gelegenheiten, in einer Gaststätte vom Beobachter zum spontan hinzugeladenen Teilnehmer eines solchen Festes zu avancieren (was früher gar nicht so selten war), aber man trifft mit Sicherheit zumindest ein paar Hochzeitspaare vor dem ›Ehernen Reiter‹, die dort Blumen niederlegen! Dazu eine Brautmutter, der das Herz so übergeht, daß Schluchzen und Tränen nimmer aufhören wollen und das Make-up (die russischen Frauen lieben eh kräftige Farben und Kontraste) sich schon aufgelöst hat.

Die Kontraste bei dieser orthodoxen Messe sind unübersehbar: Zumeist ärmlich gekleidete, ältere Gläubige vor der prächtigen Ikonostase.

Apropos - kein großes weltliches Fest in St. Petersburg ohne die Illumination des nächtlichen Himmels. Was den Zaren billig war, ist es den Bürgern erst recht! Ursprung des Spektakels ist zumeist die Peter-und-Paul-Festung. Dort, wo einst die Kanoniere ihre Kugeln verschossen haben, jagen jetzt die Feuerwerker ihre Raketen in

den Himmel. Deren Lichter spiegeln sich in den Wassern und auf den goldenen Türmen und Kuppeln. Die Stadt und die Menschen werden verzaubert, Märchen geboren. So zum Beispiel am ›Tag des Sieges‹ (9. Mai 1945), als mit der Kapitulation Deutschlands der ›Große Vaterländische Krieg‹ zu Ende war und es Leningrad, welch Wunder, immer noch gab. Dieses Datum bringt auch heute noch die Menschen der Stadt, die Armen und (Neu)reichen, die Rechten und die Linken, die Gläubigen und die Atheisten zusammen.

Hochzeitsgesellschaft auf dem Schloßplatz. Allerdings ist unter den jetzigen Verhältnissen auch die Zahl der Eheschließungen zurückgegangen.

Die Gottesdienste in den Kirchen und Klöstern werden zumeist von älteren Menschen besucht, wobei ein auf den ersten Blick seltsamer Kontrast ins Auge fällt: Die einen sind in Nerz oder Zobel gekleidet oder tragen feinstes Tuch, die anderen wirken eher ärmlich. Die Mittelschicht fehlt. Für die Kommunisten war die Religion ›Opium für das Volk‹. In der Tat stand die Führung der orthodoxen Kirche immer auf der Seite der Zaren. Hatte weder etwas an der Leibeigenschaft noch am blutigen Unterdrückungsapparat auszusetzen, weil sie ja selber davon profitierte. Proteste gab es allerhöchstens dann, wenn der Geistlichkeit das ›Fenster gen Westen‹ zu weit geöffnet schien. So wünschen sich die wenigsten, statt unter der Fuchtel der Kommunisten wieder unter der der Popen zu leben. Gleichwohl sie sich dem ergreifenden Zeremoniell der Gottesdienste am orthodoxen Weihnachts- und Osterfest ebensowenig entziehen können wie die Touristen.

Die Liturgie ist schier endlos, aber innig. Wenn die bärtigen Mönche ihre Gesänge gen Himmel schicken, scheint dieser ganz nahe. Und ein zu Ostern von einem Priester geweihtes Ei, herrlich bemalt, gewinnt einen ganz besonderen Wert in der Erinnerung. Zu kaufen

Russische Klöster haben wieder Zulauf: Die Eltern wollen wenigstens ein Kind halbwegs vesorgt wissen.

1912 wohnten in St. Petersburg mehr als 10.000 deutsche Staatsangehörige. Hinzu kamen ungefähr 30.000 Deutschstämmige mit russischer Staatsangehörigkeit.

gibt es diese begehrten, kostbaren Mitbringsel das ganze Jahr über - die allerschönsten in der Petrogradskaja Nabereshnaja, nahe dem Liegeplatz des Panzerkreuzers ›Aurora‹, wo sich ein Hofgeschäft befindet, das den Namen des berühmten Kriegsschiffes trägt. Gewiß sind die Eier, die man dort erwerben kann, nicht vergleichbar mit jenen des legendären Goldschmieds Carl Fabergé (1846-1920), von denen nicht nur die Zaren schwärmten.

Wladimir Dolbin ist Silberschmied und seine Werkstatt scheinbar ein Ort aus einer vergangenen Zeit.

Wie eben diesen überragenden Goldschmied Fabergé zog der Zaren Stadt kluge, begabte, unternehmerische Menschen aus ganz Europa an. Die Deutschen besaßen im 18. und 19. Jahrhundert drei bevorzugte Wohngebiete. Vorwiegend Handwerker, Werftarbeiter, Apotheker und Gärtner siedelten zwischen Newskij Prospekt, Jekaterinskij-Kanal, Mojka und Newa in der sogenannten ›Deutschen Slobodna‹. Gelehrte und (Militär-)Techniker hingegen bevorzugten die Wassilij-Insel (von ihnen Basilius-Insel geheißen). Die lebendigste deutsche Szene war jedoch im Kasaner Teil der Stadt - mit Arbeitern, kleinen Händlern, Handwerkern, Wirtshäusern und sogar einem eigenen Theater.

Peterhof. Im Osten und Westen des Palastes grüßen Palastkapelle beziehungsweise der Wappenpavillon mit ihren Kuppeln den Himmel.

Außerhalb begründeten bäuerliche Einwanderer große landwirtschaftliche Kolonien - auch in Zarskoje Selo. Aus dem "Zarendorf", wie die deutsche Übersetzung lautet, ist inzwischen eine Stadt mit nahezu 100.000 Einwohnern geworden, die bis vor kurzem noch den Namen Puschkin trug. Deutsche Bauern gibt es dort längst nicht mehr, dafür um so mehr deutsche Touristen. Denn wer Puschkin oder Zarskoje Selo meint, hat nicht die Stadt, sondern die Sommerresidenz der Zaren im Sinn. Inmitten einer herrlichen Parkanlage gibt es

ein Fest in Blau, Weiß und Gold:

Der Katharinenpalast ist zwar ›nur‹ dreihundert Meter lang, aber in seiner Ausstattung noch reicher als das Winterpalais. Im Auftrage von Peters I. Frau Katharina durch den deutschen Architekten Braunstein als Landschloß begonnen,

In der Palastkapelle zu Peterhof hielten die Zaren Zwiesprache mit Gott ...

bekam der Bau unter ihrer Tochter Elisabeth I. die heutige Gestalt (Rastrelli) und auf Initiative Katharinas II. den letzten Schliff. Ein absoluter Höhepunkt des Interieurs war das Bernsteinzimmer, welches einst Friedrich Wilhelm I. von Preußen Peter I. geschenkt hatte, nachdem der bei seinem Besuch kein Auge davon lassen konnte. 1942 holten deutsche Soldaten das ›Geschenk‹ wieder zurück, zunächst in das Königsberger Schloß. Was weiter geschah, ist bis heute ungeklärt, das Bernsteinzimmer verschollen.

Die deutschen Besucher von Zarskoje Selo müssen damit rechnen und leben, wenn sie ihr russischer Führer auch an dieses dunkle Kapitel deutscher Präsenz in St. Petersburg erinnert. Und es geht nicht nur um das Bernsteinzimmer. Wie auch bei den Bauten und Anlagen des konkurrierenden Peterhof gab es nach der Blockade fast gar nichts mehr, das diesen Namen verdiente. Umso größer die Leistung des Wiederaufbaues.

Auf den Karten der deutschen Wehrmacht war auch die Eremitage als »Ziel Nr. 9« den Kanonieren zur Zerstörung freigegeben worden.

Die Große Kaskade gilt als die größte Brunnenanlage der Welt. Über einen 400 Meter langen Meereskanal ist sie mit der Ostsee verbunden.

St. Petersburgs holprige Schienenwege können eine Tortur sein. Wie bei vielen Autos auch, gehört es zu ihrem Ruf, sich zu verweigern. Doch die typisch russische Improvisationsgabe bringt alles wieder in Schwung.

Seite 102/103: Newafischer vor der Schloßbrücke.

1515

Straßenbilder: Autos, so alt sie auch sind, gehören in St. Petersburg noch immer zum Luxus. Doch nicht wenige Einwohner besitzen - trotz aller Mühen - nicht einmal das Nötigste. Was wird die Zukunft wohl diesem Kind bringen?

St. Petersburg gerät in Gefahr, zu einer Stadt der Extreme zu werden. Die Menschen schwanken zwischen Aufbruch und Resignation; die jungen Leute - voller Elan - träumen vom Gebrauchtwerden.

Wenn der Winter partout nicht weichen will, bleibt nichts anderes übrig, als ihm die bloße kalte Schulter zu zeigen.

Abseits der Prachtstraßen regiert Trostlosigkeit. Zu mehr als diesen beiden - selbstorganisierten - Reifen hat es für diesen Spielplatz nicht gereicht.

Im Gegensatz dazu sind diese beiden jungen Leute mit der Tischtennisplatte fast schon privilegiert.

In St. Petersburg bekommen die Besucher aus dem Westen in erschütternder Weise vorgeführt, was man alles verkaufen kann.

EIN TAG AUS DEM LEBEN DES ST. PETERSBURGER LEHRERS ANDREJ KHALIAVINE

7.30 Uhr. Täglich. Unterrichtsbeginn für Andrej Khaliavine. Auf dem Stundenplan: Praktische Unterweisung am Computer, Theorie der Informatik, diverse andere Fächer. Dazwischen ein paar knappe Pausen. Zeit für eine Tasse Tee, einige Worte mit den Kollegen im Lehrerzimmer. Der Tag endet für Andrej Khaliavine nicht vor 17.00 Uhr, meist noch später. Bevor er die Schule verläßt, heißt es, sich bei der Pforte abzumelden.

»Ich bin Lehrer am Institut für Management- und Computertraining. Das Institut existiert seit 25 Jahren. Aus der gesamten ehemaligen Sowjetunion kam man zum Studium hier her. 15jährige Schüler und 30-40jährige Erwachsene bilden sich hier an Computern weiter. Heutzutage müssen viele die Arbeit an Computern beherrschen. Es studieren jetzt hier auch Arbeitslose, die ihren Beruf wechseln mußten und sich auf eine neue Tätigkeit vorbereiten. Sowohl jene, die das erste Mal an Computern arbeiten, als auch jene, die schon Erfahrung damit haben, versuchen mit der Zeit Schritt zu halten, d.h. sie erarbeiten nun Programme, indem sie die modernsten Anwendungen nutzen, z.B. Windows 95, OS/2 oder UNIX.

Hier arbeiten hochqualifizierte Lehrer, die große Erfahrung in ihrer Tätigkeit haben. Besonders froh sind die Studenten, wenn Tamara Schigarewa Vorlesungen hält oder praktische Anleitungen am Computer gibt.

Mit großem Einfühlungsvermögen und leicht verständlich vermittelt sie die verschiedenen Computerkenntnisse. Den Anfängern erklärt sie, wie man mit Microsoft Word umgeht, anderen lehrt sie in Basic-

Mit der Metro kommt, mit ihr geht Andrej Khaliavine. Sie ist nach wie vor wichtigstes Verkehrsmittel, um schnell und ohne Verspätung von einem Stadtteil zum anderen zu gelangen.
Ein Auto wäre freilich viel bequemer. Aber ein Lehrer wie Andrej Khaliavine kann sich diesen Luxus nicht leisten. Also weiterhin die U-Bahn - trotz Gedränge, Taschendieben, Betrunkenen und - zunehmend auch - Randalierern.

oder C++-Sprache zu programmieren, und falls es jemand (besonders)braucht, zeigt sie, wie man elektronische Briefe schreibt und diese über das Internet in alle Welt schickt.

Es ist natürlich ärgerlich, daß ein LKW-Fahrer 3-4mal mehr Lohn als sie bekommt, und dafür muß der Fahrer nicht fünf Jahre im Institut studiert und eine Hochschulausbildung erhalten haben. Er muß keine Vorlesungen und Praxisseminare abhalten beziehungsweise einige Stunden am Tag Fachbücher lesen und am Computer neue Programme erlernen. Mit 200-300 DM auskommen zu müssen, ist nicht einfach. Neben Lebensmitteln und Kleidung muß man sich noch Computerliteratur kaufen. Diese ist wesentlich teurer als Belletristik oder Trivialliteratur. Ein Buch über das Computernetz Internet kostet z.B. ein Zehntel des Monatsgehaltes.

Wir haben unsere Illusionen noch nicht verloren. Die Lebenserfahrungen, nicht zuletzt die Logik der Computer, haben uns gelehrt, daß man sich entweder für das eine oder für das andere entscheiden muß, und daß es einen echten Mittelweg nicht gibt. Die bescheidene soziale Sicherheit der Sowjetgesellschaft war ein hart erkauftes Scheingebilde. Und die neuen Freiheiten,

Andrej Khaliavine gehört zu den Glücklichen. Er darf eine Zweizimmerwohnung in einem Neubaublock sein eigen nennen. Während man sich draußen nicht umsehen darf (Andrej Khaliavine ist schon einmal auf Strümpfen heimgekommen, weil die Schuhe im Schlamm steckengeblieben sind), hat er es sich drinnen gemütlich eingerichtet. Und, wenn's nötig ist (wie hier an seinem 52. Geburtstag), schafft er ein Raumwunder. Aber: Je größer die Enge, desto besser die Stimmung - bis zum Morgen ...

nach denen sich die meisten so sehr gesehnt haben, besitzen ihren Preis. Ein Zurück gibt es nicht mehr. Und so wünschen wir uns nichts sehnlicher, als daß die neuen Verhältnisse die Menschen nicht wie eine verderbliche Woge zu Boden drücken, sondern sie - den Ehernen Reiter vor Augen - emporheben mögen.

Die Intellektuellen in Rußland (genauer gesagt in der UdSSR) waren in der Theorie und in der Praxis der Kommunisten eine ›Zwischenschicht‹ zwischen der Arbeiterklasse und den Bauern (In Rußland zählt man Ingenieure, Wissenschaftler und Künstler zur Intellgenz).

Die Situation hat sich nicht verändert. Bis heute sieht man in den Geistesschaffenden den Bürokraten, Konsumenten und Spießbürger, die aus der Sowjetunion übriggeblieben sind.

Aber die Intellektuellen lassen den Mut nicht sinken und hoffen auf bessere Zeiten. Sehen Sie sich die Fotos an. Ich lache, zusammen mit meinen Freunden und Kollegen. Solange es solche Leute gibt, hat Rußland eine Zukunft.

Wenn sie besser leben werden, wird es auch Rußland besser gehen. Doch dafür ist vor allem notwendig, daß sich die Regierenden des Landes von Herrschern zu Dienern ihres Volkes wandeln. «

Blumen gehen in Rußland immer. Man mag sie mindestens ebenso wie die Frauen.

Von Wasser umsäumte oder parzellierte Idyllen wie hier am Gribojedow-Kanal gehören zum Zauber dieser Stadt.

Ausflugs- und Badevergnügen vor grandioser Kulisse. Doch der Schein täuscht; der Fluß trägt schwer am Schmutz.

Jeder Morgen wird von den Menschen dieser Stadt mit neuer Hoffnung begleitet.

Der Triumphbogen, der die Fassade des Generalstabsgebäudes teilt, trägt eine Figurengruppe mit der Siegesgöttin im Mittelpunkt.

9. - 12. Jh.
Das Gebiet, auf dem später St. Petersburg entstehen soll, gehörte zum Fürstentum Nowgorod, das im 9. Jahrhundert mit dem Großfürstentum Kiew zusammengeschlossen wurde. Es ist die große Zeit der Kiewer Rus, des ersten russischen Staatsgebildes.

1672
Peter I. (Große) wird geboren. Nachdem zunächst seine ältere Halbschwester Sofia regiert hat, übernimmt der 17jährige selbst die Macht.

1697
Der Zar auf Reisen in Westeuropa. Inkognito, aber mit großem Gefolge, studiert er die neuesten militärtechnischen, wirtschaftlichen sowie kulturellen Errungenschaften.

1700
Beginn des Großen Nordischen Krieges, der 21 Jahre währen sollte. Nach anfänglichen schwedischen Erfolgen müssen diese im Frieden zu Nystadt Livland, Estland, Ingermanland und Karelien an Rußland abtreten.

1703
Mitten im Krieg befiehlt Peter I. den Bau der Peter-und-Paul-Festung auf der Haseninsel im Delta der Newa. Ein Jahr darauf wird - gegenüber auf der anderen Seite des Flusses - mit der Errichtung der großen Admiralitätswerft begonnen.

1712
St. Petersburg wird - anstelle von Moskau - Residenzstadt des ›Allrußländischen Imperators‹. Rußland besitzt damit einen direkten Zugang zur Ostsee, ein ›Fenster nach Europa‹.

1725
Als Peter I. stirbt, zählt ›seine‹ Stadt 70.000 Einwohner. Zwei Jahre darauf, unter seinem Enkel Peter II., wird Moskau wieder Hauptstadt.

1732
Unter Zarin Anna Iwanowna wird St. Petersburg erneut die erste Stadt im Lande.

1736/1737
Ein großer Teil der noch jungen Stadt fällt mehreren Brandkatastrophen zum Opfer. Während Peter I. noch die Wassilij-Insel bevorzugt hatte, wächst nun die ›Große Seite‹, mit fächerförmigen Straßen, zum Zentrum.

1741 - 1761
Peters Tochter Elisabeth übernimmt durch einen Staatsstreich die Macht und setzt das Werk ihres Vaters fort.

1754 - 1762
Der große Architekt Bartolomeo Rastrelli erbaut den Winterpalast.

1762 - 1796
Eine deutsche Prinzessin erobert den russischen Zarenthron, Sofia von Anhalt-Zerbst wird Katharina II. Nach Peter I. und Elisabeth I. prägt sie als dritte große Regentin das Gesicht Sankt Petersburgs (u.a. Akademie der Künste, Neu-Holland, Alte und Kleine Eremitage, Taurisches Palais, Oranienbaum).

1782
Der ›Eherne Reiter‹, Wahrzeichen St. Petersburgs, wird aufgestellt.

1801
Katharinas Nachfolger auf dem Zarenthron ist ihr ungeliebter Sohn Paul. Der, ein Mann ohne Format, igelt sich in dem eigens errichteten Michaelsschloß ein, wird dort aber von seinen Offizieren ermordet.

1809
Das jahrhundertelange Tauziehen zwischen Schweden und Rußland um Finnland beendet der Zar erstmals als Sieger: Finnland wird ein russisches Großherzogtum - Sankt Petersburg verliert sein feindliches Umfeld.

1812
Rußlands Widerstand gegen Napoleons Kontinentalsperre hat zum Bruch zwischen den beiden Staaten geführt, die ›Grande Armée‹ brennt Moskau nieder. In St. Petersburg, das verschont bleibt, entschließt sich Zar Aleksandr I. zur Allianz mit Preußen und Österreich.

1816 - 1832
Carlo Rossi prägt mit seinen Bauten das Bild St. Petersburgs (Jelagin-Palais, Schloßplatz mit Generalstabgebäude, Aleksandra-Theater und Rossi-Straße, Senats- und Synodgebäude etc.).

1820
Aleksandr Puschkins politische Lyrik mißfällt dem Zaren; er verbannt den Dichter aus St. Petersburg.

1825
Gefahr für das Regime Nikolajs I.: Liberal und freiheitlich gesinnte adelige Verschwörer fordern die Aufhebung der Leibeigenschaft und der Zarenautokratie. Ihre Erhebung endet im Artilleriefeuer. Die Führer werden hingerichtet oder nach Sibirien verbannt.

1835
In St. Petersburg leben mehr als 500.000 Menschen.

1837
Die erste Eisenbahnlinie in ganz Rußland verbindet St. Petersburg mit der Sommerresidenz des Zaren in Zarskoje Selo.

1849
Der Dichter Fjodor Dostojewskij wird unter dem Regime Nikolajs I. wegen seiner politischen Aktivitäten zum Tode verurteilt und später - nach einer Scheinhinrichtung - nach Sibirien verbannt.

1852
Als ›Museum der Schönen Künste‹ werden die Sammlungen der Neuen Eremitage der Öffentlichkeit zugänglich.

1861
Aufhebung der Leibeigenschaft durch Zar Aleksandr II. Doch die Bauern können die Ablöse für das ihnen zugedachte Land nicht bezahlen, ihre Lage verbessert sich de facto kaum.

1868/1869
Lew Tolstoj veröffentlicht seinen großen Roman ›Krieg und Frieden‹, in dem auch das Bild der St. Petersburger Gesellschaft während des ›Vaterländischen Krieges‹ gegen das napoleonische Frankreich gezeichnet wird.

1869
Die anarchistische Bewegung der ›Narodniki‹ (Volkstümler) - zumeist Studenten - organisiert seit 1865 den Widerstand gegen das Zarenregime. 1869 gipfeln ihre und die Aktivitäten anderer revolutionärer Gruppen in großen Studentenunruhen.

1874
Die allgemeine Wehrpflicht wird in Rußland eingeführt.
Modest Mussorgskij erlebt in St. Petersburg die erfolgreiche Uraufführung seiner Oper ›Boris Godunow‹.

Die Eremitage verfügt über einen Bestand von fast 3 Millionen Exponaten - Bilder, Skulpturen, Münzen und zahlreiche andere Gegenstände.

1878
Während bislang die Hochseeschiffe in Kronstadt ankern mußten, ist nunmehr die Fahrrinne so weit ausgebaut, daß sie direkt in St. Petersburg anlegen können.

1879
Peter I. Tschaikowskijs Oper ›Eugen Onegin‹ erlebt ihre glanzvolle Uraufführung.

1881
Nachdem sich seit 1877 die Attentate auf hohe Beamte und Gutsherren gehäuft haben, stirbt Zar Aleksandr II. bei einem Bombenanschlag.

1887
Sein Sohn Aleksandr III. schließt mit dem Deutschen Reich den sogenannten ›Rückversicherungsvertrag‹, ein Geheimabkom-

»Die Götter tragen den Himmel, die Menschen aber diese Welt . . .« (Aleksandr Kuprin).

men, das die beiden Staaten zur Neutralität im Kriegsfall verpflichtet.

1890
Wladimir Iljitsch Lenin kommt nach St. Petersburg.

1894
Nikolaj II. besteigt den Zarenthron.

1898
Eine der bis heute reichhaltigsten und schönsten musealen Einrichtungen der Stadt öffnet ihre Pforten: das Russische Museum am Platz der Künste.

1900 - 1904
Eine Welle von Attentaten erschüttert das Land.

1903
St. Petersburg feiert das Jubiläum seines 200jährigen Bestehens. Aus diesem Anlaß wird auch die Dreifaltigkeits-Brücke, als dritte ständige Newa-Brücke, ihrer Bestimmung übergeben.

1905
Am 9. Januar (alter Zeitrechnung) ziehen Tausende von Arbeitern der Putilow-Werke zum Schloßplatz, um dem Zaren eine Bittschrift zu überreichen. Doch der läßt die friedlichen Demonstranten zusammenschießen, das Gemetzel geht als ›Blutsonntag‹ in die russische Geschichte ein.

1907
Der Abenteurer Grigorij Rasputin kommt an den Hof und gewinnt verhängnisvollen Einfluß auf die Zarenfamilie.

1909 - 1914
Das Russische Ballett aus St. Petersburg erobert die Bühnen der Welt.

1912
Die Firma Siemens eröffnet eine Elektromotorenfabrik in der Stadt.

1914
Der Erste Weltkrieg beginnt; St. Petersburg wird in Petrograd umbenannt.

1915
Die baltischen Provinzen werden durch deutsche Truppen besetzt.

1917
Februarrevolution. Nach Streiks und Unruhen solidarisiert sich die Garnison der Hauptstadt mit den Arbeitern; gemeinsame Räte (Sowjets) übernehmen die Macht. Die Duma, das Parlament, setzt eine ›Provisorische Regierung‹ ein und legt Zar Nikolaj II. nahe, abzudanken.
Durch die Oktoberrevolution kommen die Bolschewiki unter Führung Lenins an die Macht.

1918
Friedensvertrag zwischen Rußland und dem Deutschen Reich / Österreich-Ungarn in Brest-Litowsk. Rußland muß auf das Baltikum verzichten.
Einführung des Gregorianischen Kalenders.
Die Zarenfamilie wird ermordet.
Lenin verläßt Petrograd und erklärt Moskau wieder zur Hauptstadt des Landes.
Ein blutiger Bürgerkrieg zwischen den von den Briten und Franzosen unterstützten ›Weißen‹ und der ›Roten Armee‹ nimmt seinen Anfang; der geplante Vorstoß der ›Weißen‹ gen Petrograd bricht zusammen.

1920
Als Folge des Ersten Weltkrieges und des anschließenden Bürgerkrieges hungert ganz Rußland. Petrograds Einwohnerzahl sinkt um etwa zwei Drittel auf ca. 700.000.

1924
Nach dem Tode Lenins wird Petrograd in Leningrad umbenannt.

1934
Mit der Ermordung des Leningrader Parteisekretärs Sergej Kirow beginnen die Schrecken der stalinistischen Schauprozesse.

1939
Hitler und Stalin schließen einen Nichtangriffspakt. Der Zweite Weltkrieg beginnt mit dem Einmarsch der deutschen Wehrmacht in Polen.
Stalin sieht durch Finnland, das mit Deutschland sympathisiert, die Sicherheit von Leningrad bedroht und erklärt dem Nachbarland den Krieg. Finnland muß u.a. die Karelische Landenge an die Sowjetunion abtreten.

1940
Die Sowjetunion annektiert die Staaten des Baltikum.

1941
Mit dem Überfall der Wehrmacht auf die Sowjetunion beginnt am 8. September die Blockade Leningrads. Im Hungerwinter 1941/1942 sterben täglich 3500 Menschen in der belagerten Stadt, die zum Jahresende nur noch 637.000 Einwohner zählt.

1944
Am 27. Januar ist der Belagerungsring zerschlagen, die ca. 200 km lange Blockadefront erobert.

1949
Nachdem Andrej Schdanow, der als Sekretär des Zentralkomitees die Verteidigung der Stadt organisiert hatte, ermordet wurde, werden Tausende seiner Mitarbeiter und Anhänger unter dem Vorwurf der Verschwörung abgeurteilt.

1956
Nach Stalins Tod (1953) eröffnet Nikita Chruschtschow die sogenannte ›Tauwetterperiode‹.

1965
Für den aufopferungsvollen Widerstand während der deutschen Blockade wird Leningrad mit dem Titel ›Heldenstadt der Sowjetunion‹ geehrt.

1987
Michail Gorbatschow übernimmt die Macht und beginnt seine Politik der ›Perestroika‹ (Umgestaltung).

1991
Der parteilose Jurist Anatolij Sobtschak wird neuer Oberbürgermeister in Leningrad. Er leitet auch den Widerstand der Bevölkerung gegen den Putschversuch von Kräften des alten Regimes gegen die Reformer um Gorbatschow (August).

1992
Die Sowjetunion löst sich auf; Leningrad erhält wieder - nach dem Willen von 54 % der Bevölkerung - seinen alten Namen St. Petersburg zurück.

1993
Bei der Abstimmung über die neue Verfassung und der Wahl zur Duma (Parlament) entscheidet sich ein überdurchschnittlich hoher Prozentsatz der Bevölkerung von St. Petersburg für die demokratischen Kräfte.

Am Gribojedow-Kanal. Im Hintergrund die Kuppeln der Nikolaus-Marine-Kathedrale. Der Glockenturm steht ungefähr 100 Meter vom Kirchenbau entfernt.

1995
In der Eremitage wird eine sensationelle Ausstellung von Gemälden französischer Impressionisten und Postimpressionisten gezeigt, die einst von der Roten Armee aus deutschem Besitz geraubt wurden.

1996
Immer mehr deutsche Touristen und Geschäftsleute entdecken St. Petersburg, und Wohlfahrtsverbände engagieren sich gegen die zunehmende Armut in der Stadt.

SANKT PE
Petrogra
Bolschoj prospekt
Dobroljubowa p
Sportpalast
Malaja
Makarowa nab.
Tutschkow Brücke
Newa
Puschkin Literaturmuseum
Linij
Srednij pr.
Bibliothek der wissenschaftlichen Akademie Rußlands
2-3-ja
Zedowskaja 1-ja unia
Staatl. Universität
Wassilij-Insel
Bolschoj pr.
Universitetskaja nab.
4-5-ja
Linij 6-7-ja
Bolsaja Newa
Akademie der Künste
Der ehe Reiter
Dekabristow pl.
Senat
Most leitenanta Schmidta
Galernaja ul.
Angliiskaja
Popow Museum
Museum der Geschichte Sankt Petersburgs
Isaa
Potschtamskaja ul.
Gerzena ul.
Truda ul.
nab. Admiralteijkogo kan.
Moikireki nab.
Dekabristow ul.

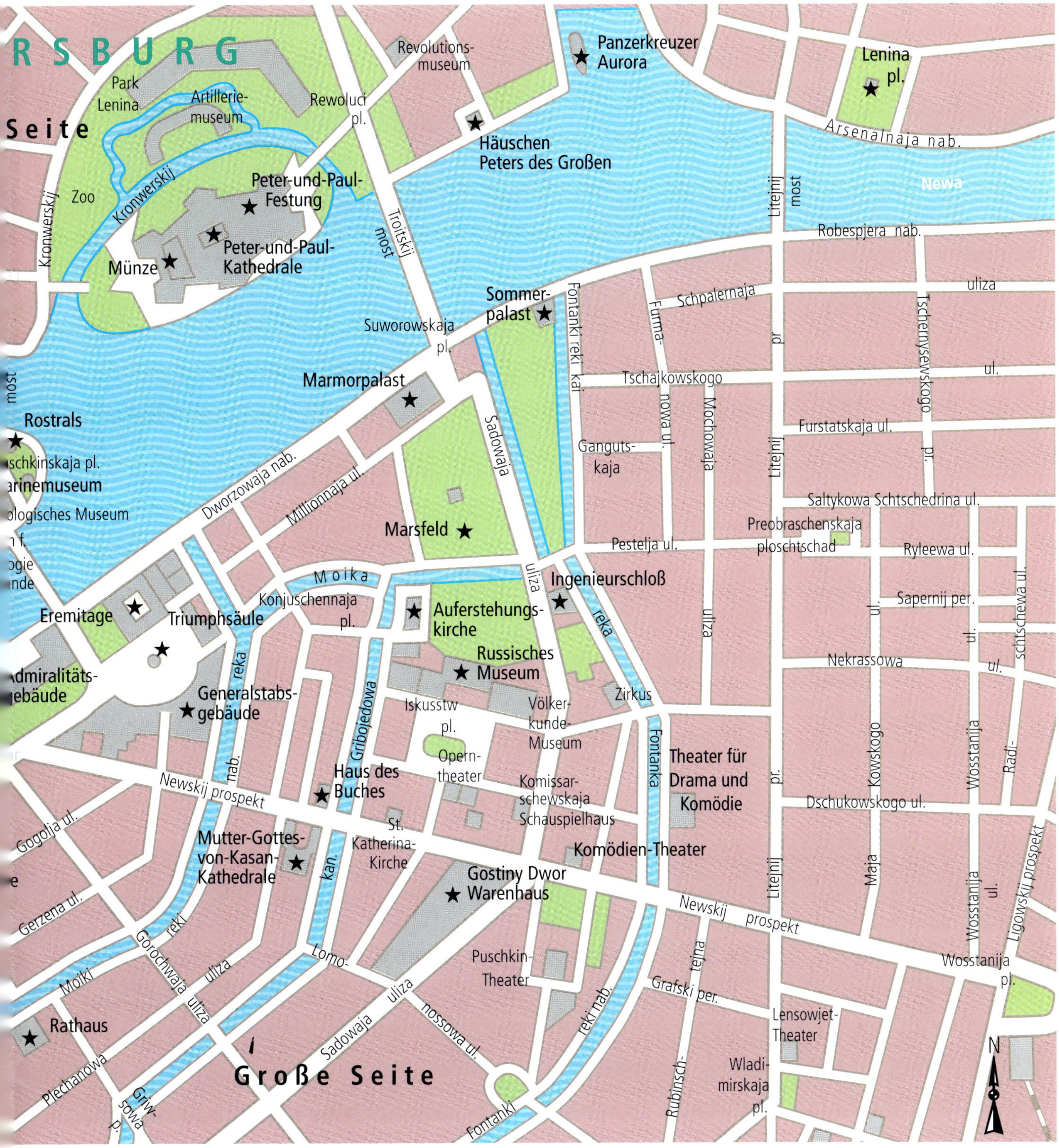
RSBURG
Seite
Park Lenina
Artillerie-museum
Rewoluci pl.
Revolutions-museum
Panzerkreuzer Aurora
Lenina pl.
Arsenalnaja nab.
Häuschen Peters des Großen
Zoo
Kronwerskij
Kronwerskij
Peter-und-Paul-Festung
Peter-und-Paul-Kathedrale
Münze
Troitskij most
Liteijnij most
Newa
Robespjera nab.
Sommer-palast
Suworowskaja pl.
Fontanki reki kai
Schpalernaja
uliza
Furma-nowa ul.
Tschajkowskogo
ul.
Tschernyschewskogo pr.
Marmorpalast
most
Rostrals
schkinskaja pl.
arinemuseum
ologisches Museum
Sadowaja
Ganguts-kaja
Mochowaja
Liteijnij pr.
Furstatskaja ul.
Dworzowaja nab.
Millionnaja ul.
Saltykowa Schtschedrina ul.
Marsfeld
Pestelja ul.
Preobraschenskaja ploschtschad
Ryleewa ul.
Moika
uliza
Ingenieurschloß
reka
Konjuschennaja pl.
Eremitage
Triumphsäule
Auferstehungs-kirche
uliza
Sapernij per.
ul.
ul.
schtschewa ul.
Russisches Museum
Nekrassowa
ul.
dmiralitäts-gebäude
reka
Generalstabs-gebäude
Griboiedowa
Iskusstw pl.
Völker-kunde-Museum
Zirkus
Fontanka
Theater für Drama und Komödie
Opern-theater
Haus des Buches
nab.
Newskij prospekt
Komissar-schewskaja Schauspielhaus
Dschukowskogo ul.
Kowskogo
Wosstanija
Radi-
pr.
Gogolja ul.
St. Katherina-Kirche
Mutter-Gottes-von-Kasan-Kathedrale
kan.
Komödien-Theater
Gostiny Dwor Warenhaus
Liteijnij
Maja
Ligowskij prospekt
Wosstanija ul.
Gerzena ul.
Newskij prospekt
reki
Gorochwaja
uliza
Lomo-
Puschkin-Theater
tejna
Wosstanija pl.
Moiki
Grafski per.
Rathaus
uliza
nossowa ul.
reki nab.
Lensowjet-Theater
Plechanowa
Sadowaja
Große Seite
Rubinsch-
Wladi-mirskaja pl.
Griw-sowa p.
Fontanki
N

Danksagung
Der Fotograf bedankt sich für die freundliche Unterstützung durch:

Theater-Fontanka
Freiburger Kinder- u. Jugendtheater
Alexandra Kolonistowa
Wladimir u. Marina Sagorow
Andrej Khaliavine u. Wowa
Olga u. Iweri Nodarischwili
Katja Dorofeewa
Ludmila Roschina
Mascha Bosunowa
Mascha Petrowa
Dietmar Kohn
Elena Pavlionkova

Impressum

Bildnachweis
Archiv für Kunst und Geschichte, Berlin:
S. 11 unten, S. 24/25 Hintergrund, S. 24 links, S. 24 rechts oben, S. 24 rechts Mitte, S. 24 Mitte unten, S. 25 oben, S. 25 unten, S. 52/53 Hintergrund, S. 52 links, S. 52 rechts oben, S. 52 rechts Mitte, S. 52 rechts unten, S. 53 rechts oben, S. 53 rechts Mitte, S. 53 links unten, S. 84 rechts oben, S. 85 links oben.

Buchgestaltung
Matthias Kneusslin, hoyerdesign, Freiburg

Karte
grafis, Dortmund

Repro: Rete GmbH, Freiburg
Druck und Verarbeitung:
Offizin Andersen Nexö Leipzig

ISBN 3-8003-0779-0